教養みらい選書
006

二枚腰のすすめ

鷲田清一の人生案内

鷲田清一

はじめに

二〇一三年の一月から二〇一九年の七月まで、私は読売新聞の「人生案内」という、一〇〇年以上の歴史をもつ欄——大正三年の開始当初は「身の上相談」というタイトルだったそうです——の回答者という役を務めておりました。

じぶんが「人生の案内人」にふさわしい者でないことは、なによりじぶんがいちばんよくわかっていましたので、このお話をいただいたときにはちょっとうろたえました。

幼い頃から長じてもなお、人としていっぱい失敗や挫折をしてきたし、世間からどう見えるのかよくわかりませんが、「よくやった」とか「ご苦労さんでした」とか言ってもらえたときも、その実態といえば、たいていは妥協の産物で、じぶんでは納得していない、いや、じつはほとんどがやりそこないだったと思ったからです。

そんな私がこの回答役を引き受けたのは、まさに相談には「答える」以外にも「乗る」という手があると知ったからです。乗るだけならいろいろな手がある。じぶんはこうして失敗したと返すこともできるし、あなたの言うことはわからないでもないが、正直なところ納得できないと返すこともできる。さらに相談事そのものへの疑問を呈することもできる。私はいまでもいろんなもやもやを抱え込んでいるので、たぶんもやもやをもやもやとして受けとめることはできる。おんなじように思っている人はここにもいますよと。そう思い定めて、しばらくだったらと、この話をお引き受けしたのでした。

かすり傷から深手の傷まで、深い浅いは別として、痛手をいちども抱え込んだことのない人などいません。この痛手にもちこたえられるだけの生き方の軸というものを見つけられないあいだは、いつまでもこの痛手を、納得できないままに引きずるしかありません。それは「そろそろお迎えが」という年齢になってもおなじです。それでも、書かせていただく以上は、少なくともその納得できないものの感触をしかと摑むところまで、相談者を引っ張っていきたいとの思いはありました。悩みはこれで終わりではないですよ、もっと先がありますよ、とも伝えたいと思いました。それは希望の在りかを伝えるということではありません。しいていえば、痛手を繕うのではなくて、人としての〈業〉と向きあうところまで行かないうちは、答えは出ないということです。

と同時に、倒れないで、という希《ねが》いは強くあって、だから問いに押しつぶされずにもちこたえるための算段は、しかと伝えようと思いました。その二枚腰、三枚腰の構えについては、10章の「二枚腰のすすめ」という文章にまとめて記しています。

1

恋愛未満

恋というのはある日突然、
だれかに心を鷲摑《わしづか》みにされることです。
当の相手がどう思っているかとは別に、
相手のその存在に突然、出会うことです。
こうした出会いは、
だれも自分で選ぶことはできません。

恋とは、
何ごとも相手を中心に、
相手の幸せを願っておこなうというふうにしか、
できなくなるということです。

一度も彼女できず寂しい

二十代の男子大学生。いままで一度も彼女ができたことがなく、寂しくてやりきれなくなります。

女子から告白されたことはなく、片思いをくりかえしてきました。高校時代までは好きな人に憧れのまなざしを向けるだけ。大学では多少積極的になって、何人かと遊園地や映画に行きましたが、告白して断られるのが関の山でした。

まわりから「お前は面食いだ」と言われます。確かに私が好意を抱く女性は、他の男性が「カワイイ」とうわさするような人ばかりです。女性を容姿第一で判断し、社会的に「カワイイ」とされる女性とつきあう姿を見せびらかしたいだけなのかもしれません。ほんとうに相手自身を好きと思っているのか、それとも「カワイイ」という記号にひかれているだけなのか、自分の心がわからなくなりました。

先日、好意を抱いた女性と花火大会に行って楽しかったのに、連絡が途絶えました。その程度の思いと割り切るべきか、今後もアプローチすべきか悩んでいます。

（埼玉・T男）

「カワイイ」異性に憧れながら、じつは他者としてのその人ではなく、自分の満足をしか求めていないということに、あなたはもう気づきかけていますね。のっけから、あの人がいなくて寂しいのではなく、「彼女ができたことがない」のが寂しくてやりきれないと言っているのですから。

あなたの文章には自分のことしか書かれていません。相手はみな「カワイイ」ようですが、その人でなければならない理由が書かれていない。だから、相手は自分が求められているとは感じない……。

「憧れ」とか「告白」とか言ってもきっとだれも相手にしてくれないでしょう。「どうしてもあなたでなければならない」という切迫を感じないのですから。振られたらまた別の人を求める、そんなあなたを見透かしているのです。

もてる男は聞き上手、というのをご存じですか。相手のことを相手の身になって考える、相手が揺れていたら落ちつくまでずっと傍《そば》にいてあげる……。自分のことは後回しにできるようになってはじめて、ひとは「恋」や「愛」の入り口に立ったことになるのです。

「恋」や「愛」の入り口

彼氏いる女性を好きになってしまった

二十代の大学生男子。彼氏のいる女性を好きになってしまい苦しんでいます。

彼女と出会ったころは「穏やかで優しい人だな」程度にしか思っていなかったのですが、あるときから「こんなに気配りができて、きれいな女性はいない」と気づきました。それ以来、ほれ込んでいます。

彼女にはつきあっている人がいます。ふたりで楽しそうにしているのを何度か見かけました。胸が締めつけられ、うらやましい気持ちになります。悔しくもなります。

「つきあいたい」と強く思います。しかし、ふたりの関係を壊してまで自分の思いを優先するのは倫理に反するし、彼女が傷つく可能性があるので、できません。

頭の中では、一日中、彼女に対する思いが駆け巡っています。ここまで深く一人の女性のことを考えるのは初めてです。彼女と人生を送ることができれば、なんて幸せなのだろうと考えてしまいます。

この複雑な気持ちにどう向きあえばいいのでしょうか。

（山梨・D男）

恋するとは、だれかに吸い寄せられることです。あなたも彼女に恋し、「ほれ込み」ました。ふつう、そうなるとその人に恋しているのか、恋しているその自分に魅入っているのかだんだん区別がつかなくなるもの。あなたの場合もそうですが、とくにライバルが出現すると、嫉妬に悶《もだ》え苦しみ、彼女にさらに情熱をぶつけてライバルを蹴落とそうとするものです。

「ほれ込み」は「惚れ込み」と書きますが、惚れとはボケ、他のものが見えなくなることです。でも、あなたはそこが違う。相手が傷つくことがわかれば絶対そこまではできない。相手が傷つくくらいなら自分が傷つくことを選ぶ。その点で、あなたは彼女をほんとうに愛しています。

だから、たぶんあなたはライバルに負けます。恋は静謐《せいひつ》な「愛」よりも熱烈な「求め」を滋養とするものだからです。

でも私はあなたを肯定します。恋のさなかでも自分のことを後回しにできる、そういう心根こそ人としてもっとも大切なものだからです。その思いがついに届かなくても、あなたの存在は輝きを増すはずです。

恋は静謐な「愛」よりも熱烈な「求め」を滋養とする

好みでない人にモテる

アパレル系の小売店で働く二十代の女性。意中でない人ばかりにモテることに悩んでいます。女子高だったので恋愛とは無縁の生活でした。しかし、大学在学中は、サークルで同時に複数の男性から思いを寄せられて居づらくなりました。バイト先では告白を断った同僚が辞めてしまいました。

社会人になると、特に好きでもない同僚ふたりから告白されました。仕事にも支障が出てしまい、もうこんな思いはたくさんです。

見た目は普通だし特にかわいくもありません。「思わせぶり」な態度をとってもいません。ただ、誘いをハッキリ断るのが苦手です。私を好いてくれるのは、恋愛経験の少ない純粋なタイプであると感じます。

その反動か、私は、「彼女持ち」や「遊び人」を好きになることが多く、いつもフラれてばかりです。最近は男性そのものに嫌悪感を抱くようになってしまいました。自慢話のようで友人にも相談できません。

（埼玉・E子）

たしかにこんな相談は友人にはしにくい。自慢話ととられるか、ぜいたくな悩みだと一蹴されそうです。

恋愛にどこか緊張を求めるところがあなたにはありませんか？　愛は奪うものとまでは言わなくても、ゲットするものだという思いがどこかあるのでは？

その緊張感、その積極性に、つい純情なタイプの男性は憧れてしまう。そんな憧れで近づいてくる男性は、あなたには煩わしいだけ。その強さが、ますますまわりの男性にとってはまぶしい……。まるで負のスパイラルですね。

「彼女持ち」や「遊び人」タイプの人にこっちを向かせたいという獰猛《どうもう》さをもっていても、しかしあなたは泥沼に陥《おちい》ってまで奪いに行こうとはしない。そこまでの激しさはない。だから高校時代、告白したこともされたことも、たぶんなかったのでしょう。

いちど色恋沙汰からきっぱり離れてしまったらどうですか？　のめり込めること、緊張感を味わえることは、他にもいっぱいあるはずです。あなた自身が恋愛に憧れているあいだは、同じ状況がしばらくは続くように思います。

恋愛にどこか緊張を求めるところがありませんか？

「役者」の夢追う彼女に反対

フリーターの二十代男性。彼女が先日、仕事を辞めました。学生のころからの夢、役者の道に進みたいというのですが、私は反対です。

彼女は以前、人間関係などで壁にぶつかり、その夢をあきらめています。それが最近になって、役者熱が再燃したのです。具体的な解決策を見いださないかぎり、轍《てつ》を踏むだけです。趣味としてやる分には構いませんが、プロをめざすとなると話は変わります。

私自身、作家志望の夢追い人で、フリーターだったり無職だったりをくりかえしています。彼女は「ふたりでいっしょにがんばろう」と言っていますが、お互いに結婚も意識しはじめており、彼女に手放しでがんばれと言うのは無責任な気がします。

私がとるべき選択肢は二つ。一つは彼女と別れて、他のパートナーを見つけること。もう一つは、手堅い仕事に就き、彼女が失敗しても最低限の生活を保障することです。しかし、別れるのはつらく、自分の夢をあきらめるほどの決断力もありません。

（群馬・J男）

自分がフリーターであることを免罪されたがっている

役者になるのを夢見る彼女と、作家になるのを夢見るあなた。あなたに彼女の夢を諫《いさ》める資格はないと思うのですが。

「彼女が先日、仕事を辞めました」とあなたは書いています。ということは、役者になることをあなたは「仕事」と認めていないということですね。だったら彼女にも、「作家志望の夢追い人」として創作に取り組んでいるあなただって「仕事」をしていないと言い返す権利があるはずです。

このあと取るべき選択肢は二つとあなたは言います。一つは別れて他のパートナーを見つけ別の道を歩む。それができるのであれば即刻お別れなさい。もう一つの選択肢は、あなたが「手堅い仕事」に就いて彼女を支える。でもなぜあなたが支えるのですか？　ともに夢がかなうまで支えあうのがパートナーというものではありませんか？

あなたは（少々きつい言い回しですみませんが）気楽な「夢追い人」なのに、なぜか彼女にだけは保護者のような顔をしたがっている。そのことで、自分がフリーターであることを免罪されたがっている。私にはそう見えてなりません。

孤独な男性　気づけば五十代

求職中の五十代男性。ひとりぼっちで孤独な自分に悩んでいます。女性とつきあったことがなく、食事やカラオケ、遊園地や初詣など、どこへ行くのもひとりぼっち。二十～三十代には、友人にグループ交際やコンパに誘われましたが、私に関心を示す女性はいませんでした。これではいけないと、お見合いパーティーに参加して、自分なりにがんばりましたが、結果はダメでした。

正社員として働いていたころは、女性に気持ち悪がられ、傷つきました。リストラされて非正規で働いていたころは、無視されたり暴言を吐かれたりしました。

こんな目に遭っても、自分を好きになってくれる人がいるかもしれないと思ってきましたが、気づけば五十代。カップルや家族連れを見かけると、つらくて消えてしまいたくなります。客観的な助言をお願いします。

（大阪・R男）

誰も彼もが自分を遠ざける。誰も自分に親しくしてくれない。まるで、見たくないものを見てしまったかのように……。やるせなくて、心がしおれてしまいますね。

ただあなたは食事やカラオケ、遊園地やコンパ、初詣と、人びとが連れ立って出かけるところでばかり、自分をひとりぼっちだと悲観しています。が、図書館や美術館はどうですか？ 公園はどうですか？ いずれも仲間とわいわい騒いで訪れるところではありません。

そう、ひとりぼっちと孤独は同じではないのです。誰にも相手にされない自分が見捨てられていると感じていても、ひっそりとひとりの時間を過ごすことはできるのです。

フランスに、「選んだ孤独はよい孤独」ということわざがあります。ひとりぼっちに傷つきながらも孤独を味わい尽くし、その孤独を人びとを深く慰める表現にまで持っていった人たちがいるのです。

すぐに温かい家庭や職場を求めずに、いちど、そういった人たちと図書館や美術館や公園で出会い、語らうことから始めたらどうですか。孤独な魂のあいだでこそ、心の深い通いあいは生まれる。まわりの人たちとの交際は、それからでも遅くはありません。

孤独な魂のあいだでこそ心の深い通いあいは生まれる

七十代男性、顔悪くモテない

七十代男性。顔が悪いので悩んでいます。

ひどい馬面で歯茎が出っ張り、耳も小さい面白い顔です。顔の造作でましなのは鼻ぐらい。鏡を見るたびに厭世的《えんせい》になり、どうしてもっと男前に生んでくれなかったのだと親を恨む気持ちです。

結婚どころかお見合いもしたことがなく、家族といえば犬一匹だけ。家事ができないのでヘルパーさんを頼んでいますが、六十代の愛らしい女性が来て、横恋慕をしてしまいました。彼女に嫌われないために整形手術をと思いましたが、お金がかかるそうです。

私は戦争孤児で、育ててくれた伯母も亡くなり、天涯孤独の身です。敬虔《けいけん》なキリスト教徒ですが、神様は私に女房や子どもを与えてはくれませんでした。

世の中、地位も名声も手に入れていても絶望する人がいます。ましてや私のようなものは生まれてこなかったほうがよかったと思います。身寄りもなく、日本一もてない男にエールを送ってください。

（奈良・H男）

年を重ねると、顔の造作などどうでもよくなると思ってきましたが、いくつになってもそういう悩みが消えないとなると、もともと男前でない、老境に入りつつある私もまだまだ油断できないということですね。用心します。

顔というのは自分ではじかに見えないし、鏡に映しても正面からしか見えない。つまり自分の顔は他人のほうがよく知っているものです。しかも他人はふつう、相手の顔の造作よりも表情の変化に注目します。そして整形手術をしようかと悩んでいると、内で揺らぎ、空転するその気持ちがつい表情に出てしまい、造作よりもそれのほうが、他人に、あなたに声をかけるのをためらわせることになります。そんな空回りが、あなたの人生をはずれにしている一因になっていませんか。

幸い、あなたは他人がうらやむような境遇にあっても、その幸運が見かけだけかもしれないことに気づいている。自分を「日本一もてない男」と斜に構えて自嘲してもおられる。自らの弱点についてそのようにずばっと語れる人は、そうそういません。そのしぶとさをぜひいかしてください。

自分の顔は他人のほうがよく知っている

2

からっぽ

生きることの意味は
予《あらかじ》めあるものではありません。
問うなかで探しあて、
紡いでゆくものです。

劣等感がない高三女

高校三年の女子。コンプレックスがないことが悩みです。というより、あるのに見つけられないことが悩みなのかもしれません。

家庭も比較的裕福で、家族は優しいです。すでにある大学への進学が決まっており、将来について考えることが多くなりました。しかし、いくら考えても、将来やりたいことが見つかりません。自分の可能性を見つけようと自己啓発本を読むと、大きなことを成し遂げた人の多くは、自分の弱さや劣等感をバネにして、力に変えたと書かれていました。

自分にはバネになるようなコンプレックスがあるのか、と考えたとき、何も浮かばず、いままで何の苦労もなく恵まれた環境で生きてきて、これから大丈夫なのかと、どうしようもない不安に襲われました。そして、いま、何をすれば正しいのか、それもわからなくなってしまいました。

自分の弱さを知ったうえで、正しい道を生きるにはどうすればいいでしょうか。

（千葉・U子）

とくにコンプレックスのない人がそのないことに心を悩ませる……。どういうことなのでしょう？

劣等感というバネが自分にはないとあなたは思っている。多くの点で恵まれているので、劣等感がないことが逆に劣等感になっている。立派にコンプレックスがあるじゃないですか。

あなたがいうバネとはモチベーション（動機づけ）のことですね。生きるモチベーションとなるのはなにも劣等感だけではありません。他人を喜ばせて自分も喜ぶということも、困っている他人を助けることで気力が充実するということも、ひとにはあります。

自分はいったい何をしたいのかと問うのを、いったんやめにしましょう。どんなことをしたら他人に喜んでもらえるか、それを先に考えるのです。

将来、会社に入ったとしてもそうです。会社は新入社員にしたいことをさせてくれるわけではありません。だれでもできることをまずさせ、そのやり方をじっくり見ます。そのうえで、何を任せられるかを判断する。そう、人の個性や能力はまずは他人が見つけてくれるものなのです。

人の個性や能力はまずは他人が見つけてくれるもの

生きる意味見失う大学生

二十代の女子大学生。生きる意味がわからなくなり、塞《ふさ》ぎ込んでしまいます。新聞を読んだりテレビを見たりしていると、いろんな出来事が目に飛び込んできます。世界にはさまざまな人たちがいて、人生があるのだと考えることが多くなりました。その影響か、容姿や金の心配、結婚できるかなど、身近な幸福のものさしについて考えることがいやになりました。雑念に苦しみ悩むことが、ばかばかしく思えてきたのです。事件・事故や戦争のことを知って心が痛くなり、こんなことを考えている場合ではないと思いながらも、このまま生きていていいのだろうかと自分を追いつめてしまいます。ゲームやマンガに浸りがちだからでしょうか、私はこの世界には必要のない存在で、私が死んでも世界は回っていくように思えます。

この先、私は一個の人間として何をし、どのように生きていけばいいのでしょうか。

（奈良・K子）

世界にはさまざまの人生が、さまざまな悲惨な出来事があることを知り、容姿やお金、結婚などを幸福の尺度とすることをばかげていると思うようになった。でも、そこからあなたはなぜか思考の回路を自分に向け、生きがいが見つからない、自分がこの世界に必要な人間なのかと思い悩んでしまう。

詰まるところ、自分がここにいることにほんとうに意味があるのかという問いにもがき苦しんでおられるようですね。

ここで、いちど頭を切り替えてみませんか。

あなたがこれまで無事生きてこられたのは、まわりの人たちの支えがあったからです。学業を続けられるのも、日々食事をとれるのも、通学の足があるのも、他の人たちの無言の仕事があるからです。

あなたがひとりで生き抜いているつもりでも、いやになるくらいちっぽけな存在でも、それは他の無数の見えない人たちに支えられているのです。

他人の暮らしを支える、名も知られないこうした仕事を、あなたもいちど担ってみてはどうですか。さらに複雑な問題が見えてくるでしょうが、塞ぎからの出口は近いと思います。

他の無数の見えない人たちに支えられているのです

二十八歳独身　生きる目標ない

二十八歳の独身女性。契約社員です。自分が何のために生きているかわからなくなりました。私は親元を離れて一人暮らし。趣味などを楽しみながら過ごすいまの生活を不幸せとは感じていません。もともと一人が好きで、結婚願望はなく、異性と恋愛したいとも思いません。妹たちはすでに結婚しています。両親は私を心配して「いい人はいないのか」とよく尋ねてきます。母親には「これから何十年も一人で生きて寂しくないの？　何の目標もないの？」と泣かれてしまいました。親を悲しませたくない思いはあり、そのためには結婚すべきだろうかと思うのですが、行動に移せません。

一人が寂しいとは思いませんが、結婚の代わりになる人生の目標がないことも事実。目的も理由もなく生きていることがいいのか自問するようになりました。

ただ生きているだけの現在を打破するのに必要な行動は何ですか。それが「結婚」であるなら、どうすれば興味をもてるようになりますか。

（東京・O子）

一人で暮らしていても、趣味もあるし、寂しいと思ったことはない。恋愛も結婚もしたいとは思わない。でも、娘の結婚を望む親の願いを裏切りたくない。となると、結婚すること以上の目標があることを親にわかってもらわないといけない。が、それがない……。

でもどうなんでしょう。結婚は人生の再出発であって、結婚すればそれは目標ですらなくなってしまいます。いずれまた「人生に目標がなく、ただ生きています」という思いが首をもたげてきそうです。

結婚を目標などと考えるから、そしてそれを望んでいないから、代わりの理由が必要となるのです。あなたは何の不満もなしに一人で生きている。それで十分です。ひとは「ただ生きているだけ」と自嘲的に言いますが、生きることに理由など要らないと言えるのは強いことです。毎日、生きるということを一つ一つていねいにやれていてそれに不足を感じないのであれば、平穏な暮らしそれ自体が一つの達成なのです。

「私、このままで十分満足」と、ご両親に向かってにこにこ顔で語ることから始めてはいかがですか。

平穏な暮らしそれ自体が一つの達成なのです

寂しくて男性求める日々

二十代の女性会社員。今後の自分の人生が不安でしかたありません。

私は友人がほんとうに少なく、結婚願望もありません。恋人がほしいとも思いません。ですが、一人の時間が寂しくてしかたなく、だれでもいいから空白を埋めてほしいと思い、ネットのサイトやアプリで相手を見つけては、その場限りの関係をくりかえしてしまいます。

これまで男性とおつきあいしたことがないのに、経験人数だけがどんどん増えていきます。友人や同僚が結婚、出産ときちんと過ごすなかで、自分だけが人間としての役割を果たしていない気持ちでいます。

友人に相談できる話ではないですし、そもそもこんな悩み自体が恥ずかしくてしかたありません。

仕事も収入も安定しています。ですが、それ以外のすべてが不安です。毎日意味もなくおびえていいます。いいかげん、きちんとしたい。どうしたらいいのでしょうか。

（北海道・T子）

友人が少なく、恋人もほしいとは思わない。そうあなたは書いていますが、ほんとうは〈ひと〉にすごく渇いておられるように感じました。

だれかに大事にされたい。が、ほんとうの意味でそうはなってこなかった。だったら、人に物のように扱われてもいい、何かの代わりとして利用されてもいい、とにかく人にぎらぎら求められたいと思ってきたのではないですか。求められているという体感にすがろうとしたのではないですか。

でも仮そめの出会いでは空いた穴は埋まりません。自分がだれかに大事にされていると感じられないと、自分を大切にしようという気持ちも湧いてきません。

収入は安定していると書いていますが、納得できずついにキレてしまうまで仕事にのめり込んだことはありますか。自転車のペダルを思い切りこいで頬で風を切る喜びに浸ったことはありますか。あるいは、ぜいぜいあえぎながら山に登ったことは?

強度を求めるあなたの体は、もっともっと別の場へと解き放ってあげたほうがいい。自分をもっといとおしく思えるようになりますから。人の情けに感じやすくなりますから。

求められているという体感にすがろうとしたのでは

四十代会社員　友人なく疎外感

四十代後半の会社員男性。妻と子どもふたりがいます。心から話せる友人がおらず、疎外感に襲われます。

まわりの人たちは、酒を飲んだり共通の趣味を楽しんだりしているように見えます。しかし、私はこれまで、人と喜びを分かち合うという経験もないままに来てしまいました。

集まりの場にいても楽しめません。若い人から年相応の人物像を期待されていると感じ、そうではない自分がみじめに思えます。

資格を取得するなど、自分なりのやり方で自己研鑽《けんさん》に取り組んできました。しかし、自分には相手を不愉快にさせるものがあるのか、人間関係がうまく築けません。結局は無気力状態に陥ってしまいます。

年齢も年齢ですし、人に対して堂々としていたいのです。いまからでも奮起し、充実した人生を送るにはどうしたらいいのでしょうか。どんなふうに自分を変えていったらいいのか、そのきっかけをどうつくったらいいのか、ご教示願います。

（大阪・K男）

他人とおしゃべりに興じることができない、仲間と喜びを分かち合うことができない……と、塞《ふさ》いでおられるのですね。

自分がなにか他人にないような能力やそれを証明する資格をもつことで、他人に認められたい、他人の前で堂々としたふるまいをしたい。だけど、そうするとまわりの反発をくらうし、またそもそもほんとうにそんなものが自分にあるのかも心もとない、というわけですね。

このまま思い悩んでいてもきっと何も変わりません。どうでしょう。いちど自分のことを思い煩うのをきっぱりやめてみませんか。自分への関心をゼロにして、他人を知ろうとすること、その関心や悩みを知ることに専心するのです。

「おせっかい」や「でしゃばり」と言われても、怯《ひる》むことはない。他人にインタビューするつもりで話しかけるのです。自分に関心をもたれているのですから、相手も悪い気はしません。迷惑がらずに応じてくれるはずです。

まずは自分のなかに相手が入ってきやすい空《す》きをつくることから、始めてみたらどうでしょうか。

自分への関心をゼロにして、他人を知ろうとすること

不器用で取りえなし　老後心配

六十代の女性。自分の老後が心配です。

自分は不器用で、取りえがありません。人間関係が苦手なため、カルチャーセンター通いやボランティアをやめました。趣味はまったくありません。

夫といっしょに染め工場を営んでいますが、三年後には畳む予定です。これまでコツコツとやってきたのですが、不況のたびに貯金を取り崩しており、底をつきました。

ゆとりもなく、友人もいません。老後の暮らしや人生を考えると、真っ暗な気持ちになります。寂しくてなりません。

孫たちとは離れて暮らしています。工場を畳んだあと、どのように生きればいいのでしょうか。日中話をする人もなく、何をして、どう考えればいいのでしょうか。こんなことになるのなら、人生設計をきちんと考えればよかった、と思います。そして、不器用で変な性格の自分を悔やんでいます。

（石川・K子）

不器用で人との交際も苦手、自分には何の取りえもないとおっしゃいますが、それらはみな、人それぞれの生き方の「癖」みたいなものです。そしてあなたにも立派な「癖」がある。一つのことを黙々と丹念にやり通すという「癖」です。

その家業を近く畳むということで、ちょっと塞いでおられるようですが、もともとあなたは挫《くじ》けずに耐え忍ぶのが得意な人。そうでなければ染め工場という、きついお仕事にこんなに長く就いてこられたはずがありません。

色の具合を調整し、道具や機械を点検し、損益勘定もし、家事もこなしてきた。一筋にそれをやりとげたのはすごいことです。

そこでもし工場の跡地を自由に使えるのなら、菜園にしてみませんか。野菜なら食費の助けにもなります。草花を育てるのもいい。

無理をしなくていいんです。こちらが声をかけなくても人のほうが通りすがりに声をかけてくれる。じっと見つめる人がいたら、あげたらいい。そんなあなたの姿が何日か見えないと、案じてもくれる。種屋さんとの自然体のつきあいも生まれます。

何かを黙々と丹念に育てるあなたの「癖」が、きっと活きてくると思います。

人それぞれの生き方の「癖」みたいなものです

愛犬の死から立ち直れない

七十代の主婦。愛犬が死んでから、寂しくて不安ばかりの日々を送っています。長いあいだ飼ってきた愛犬が死んでもう五年がたちます。どんなに癒やされたかを思い出しては涙していいます。もう一度動物を飼いたいという思いもありますが、足腰が弱っているのであきらめています。

夫婦ふたりだけの生活は寂しいものです。ふたりとも耳が遠くて会話は一方通行。長続きしません。

最近、さらに体が衰え、物忘れもひどくなったと感じます。何事も自信がなくなり、物事を悪いほうへとばかり考えてしまいます。

テレビのニュースなどで、いやな事件や悲しい出来事を見聞きするたびに、自分の娘家族や孫たちのことが心配でたまらなくなります。うるさいほど注意してしまい、逆に娘たちから「心配しすぎ」と怒られます。

これからの短い人生をどう過ごしたらよいのでしょう。なんとか自分たちでがんばっていかなくてはと思うのですが、答えがみつかりません。

（栃木・A子）

ひとは元来、寂しがり屋です

生きものの穏やかな気配というのはどこか人を安心させます。生温かい体、静かな呼吸、落ちついた鼓動、物憂げなしぐさ。そういういのちの気配を体越しに感じると、こちらも穏やかな気分になります。

ひとは元来、寂しがり屋です。だから長くひとり暮らしをしている人は、つい人肌恋しくなって、よその子でも通りがかりの犬でも、ふと撫《な》でたくなります。

幼子でも犬でも、うれしいとすぐに反応し、躍りだします。手がつけられないくらいに。そんなとき、一つのいのちがそこにあるという手応えを感じます。

あなたが世の中の悲しい出来事を憂え、孫たちの暮らしぶりをつい案じてしまうのも、そういう他のいのちとのつながりのなかにいつづけたいという思いがあるからでしょう。

ただ細かいことに一々口を出せば、まわりからはうるさがられます。それより人生の酸いも甘いもたっぷりかみ分けてきた者としてうんと遠くを指す羅針盤のような気持ちで人に接するようになれば、まわりの人も思わずその言葉に耳を傾け、心がぽかぽかしてくるのではないでしょうか。

3

もやもや

比較して感じる幸福は
そんなに長く続きません。
もっと幸福そうな人に出会えば、
ぺしゃんこになってしまうのですから。

友だちの推薦合格に動揺

受験勉強中の高校三年生女子。私の第一志望に友だちが推薦で合格したことに動揺しています。

その友だちは、たまたま志望者がいなかったため、その大学の看板学部といわれる人気の学部に入れたとも聞きました。三年間がんばってきたから受かったのだとわかってはいますが、その学部に受かったことは、あまり納得できません。

その友だちは要領がよくて、これからの人生を器用に生きていくんだなあと思います。要領の悪い自分と比較して悲しくなります。

推薦を狙って勉強することを早々にあきらめてしまったことを、とても後悔しています。今回の件で、日ごろぼんやりと感じていたコンプレックスが爆発したように思います。

学力的にも厳しいし、第一志望はもうあきらめてしまおうかとも考えてしまいます。自分はダメな人間なのだと実感しています。

高いお金を払ってもらって塾に行っているので、ほんとうに申し訳ないです。情けないです。

（千葉・M子）

うーん、どうもいちど早いうちに仕切り直しをしたほうがよさそうですね。受験のことでのご相談なのに、そして受験はこれからなのに、つづられているのは後悔ばかり。あなたが大学でどんな勉強をしたいのか、将来どんな職業人になりたいのかが、何一つ書かれていません。

友だちが希望もしていないどこかの「看板」学部にたまたま要領よく入ったことが口惜しいのですか？　自分の「要領の悪さ」「不器用さ」をふがいなく思っているのですか？

大学や勤め先を「看板」で選ぶような人は、将来その「看板」が評判を落とせば自身の評価も落ちたと思ってしまう。あなたにいま必要なのはそうした「看板」ではなく、あなた自身の「顔」であり「後ろ姿」です。

あなたが何を大切にしながら生きようとしているのか。何に自分の能力と体力を捧《ささ》げたいと思っているのか。それをまわりの人は見ています。あなたの「要領のよさ」や「立ち回り方のうまさ」を見ようとしているのではありません。そんなものを目にしたら、かえって人びとはあなたから離れていきますよ。

いま必要なのは、あなた自身の「顔」であり「後ろ姿」

悩み吐き出せず孤独感

二十代女子大学生。悩みを人に打ち明けることができず、孤独を感じています。

幼なじみや高校時代の友人とはいまもよく連絡をとるほど仲が良く、大学でもすぐに気の合う友人ができました。しかし、その友人に自分の内面的な悩みや弱みを吐き出すことができないのです。

私は人の話を聞くのが好きで、趣味も多いほうだと思いますが、何ごとも考えすぎてしまう癖があります。愚痴による負の感情を友人に与えたくないという気持ちもあります。

単に自分のプライドが高く、臆病なのが原因ではと思っています。自分が傷ついたり嫌われたりしないよう、他人の顔色をうかがうコミュニケーションが身についているのです。

けんかをする友人を見ると、うらやましくなります。でも、さらけ出す勇気がもてないのです。何か勇気の出るアドバイスをいただけないでしょうか。

（山梨・W子）

なんか怖いくらいに、質《たち》が似ているなあと思いながら、相談文を読ませていただきました。私もめったなことでは人に悩みを打ち明けません。言ってもどうにもならないことをぐだぐだ言って相手の気を重くしたり、余計な心配をかけたりするのが嫌なのです。つい他人の表情をうかがってしまう。そう、吐き出せないのです。で、代わりに、たまらず、だれもいない所で大声を出したりします。

それで、ある時、自分の悩みは放っておいて、他の人に悩みを事細かく聞かせてもらうよう、意識を反転させました。吐き出すのではなく、吸い込むことにしたのです。そのことで少しは、自分の悩みをワンオブゼム（たくさんの中の一つ）として相対化できるようになりました。

「さらけ出す勇気」をと、あなたは願っていらっしゃるようですが、いったん自分のことはちゃらにして、ひたすら人の切ない思い、苦しい心の内に耳を傾けるよう努めてみませんか？逆に抱えるものがいよいよ重くなってしまうかもしれませんが、それはそのときのこととして。

私が採った手がヒントになればいいのですが。

吐き出すのではなく、吸い込む

笑顔でいることが苦手

四十代の女性。私は笑顔でいることが必要な仕事をしています。しかし、うまくできずに悩んでいます。

幼いころを振り返っても、私はそんなに笑うほうではありませんでした。高校時代、友だちに私の笑顔を「いやらしく感じる」と言われたことが、いまでも頭から離れません。

それに、家庭内ではつらくなることばかり。普段の生活でも笑うことができなくなってしまいました。

それでも、仕事で必要ですから笑顔の練習をしています。朝、鏡の前で口角を上げてみたり、前向きに笑顔になれるための本を読んだりして努力しています。

世の中には、つらくても笑顔を絶やさない人がいると思います。どういった心がけでいれば、そのようにいられるのでしょうか？

どうしたら笑顔で仕事をすることができるようになるでしょうか。できればすてきな笑顔になりたいです。お教えください。


（東京・W子）

いつも笑顔でいたいと、だれしも願っています。笑顔でいられるというのは、幸福感に満たされているしるしだからです。

じゃあ逆に笑顔をつくれば幸福になれるかというと、これがなかなかに難しい。鏡の前で練習してみても、そこには無理している自分がぎこちなく映っているだけで、気持ちはちっとも弾みません。

あなたはいつも笑みを浮かべていられる人をうらやましく思っているようですが、いつも幸福でいられるような人もまたいません。たとえ自分が運よく不幸でないにしても、すぐ隣に不幸な目に遭っている人がいれば、幸福は続きません。ひとは他人の苦しみに苦しむものだからです。一人だけ幸福でいるというのは、ひとには無理なことなのです。

そんななかで、もし、笑みが自然と生まれてくることがあるとすれば、それは、うちひしがれている人の隣で、「しんどいね。いっしょにがんばろ」と声をかけるときかもしれません。ひとというのは、他人を慰めるためにならば、たとえ自分もまた不幸の渦中にあっても、静かな笑みを浮かべることができるものです。鏡ではなく、他の人を見つめていてください。

鏡ではなく、他の人を見つめてください

恵まれた友人らに嫉妬心

ふたりの子育てをしている四十代主婦。もっと親しく人づきあいをしたいのに、人をねたんでしまいます。

どんな親の元に生まれてきたかで、孫の代にまで格差が続くのを肌で感じています。私のまわりには、余裕のある親から金銭面も含め、手助けしてもらっている人が数多くいます。同じ子育て世代でも、彼女たちは子どもの預け先に苦労せずに働き、条件の良い仕事に就き、子どもに広く豊かな経験を積ませています。

私たち夫婦は、どちらも父親はおらず、母親や親戚から頼られる立場です。親から支援も、引き継ぐ資産もなく、将来の子どもの学費の捻出も心配です。仕事と家事育児をがんばりましたが、夫婦ふたりだけではこなせず、私が退職しました。

まわりをうらやんでもどうしようもないと頭ではわかるのですが、親の恩恵を受ける友人知人に嫉妬してしまいます。孫に学費を渡す際の優遇策で格差を広げたりせず、がんばる人と資産のある人との差を縮める社会こそ未来に必要ではないでしょうか。

（千葉・E子）

恵まれた家庭に生まれた人はますます恵まれ、恵まれない家庭に生まれた人はさらに恵まれない状況へと追い込まれる。なんとも理不尽なことです。だれもが等しく人生をゼロから始められる社会になれば、どれほど多くの苦しみが消えてなくなるかと、ふと空想したくもなります。

ねたみは、いうまでもなく他人との比較から生まれる感情です。しかもねたみは、天と地ほど境遇の違う人には向けられず、むしろ自分と同じ希望をもちながらそれを運よく手に入れている人に向けられます。そしてついには相手の不幸が自分の幸福と感じるようにすらなる……。そんな心持ち、悲しいですよね。

幸・不幸は外からはわかりません

幸・不幸は外からはわかりません。裕福であっても空虚感にさいなまれている人もいれば、見栄《みえ》を崩せない自分に疲れ果てている人、周囲の大きすぎる期待に押しつぶされそうになっている子どももいます。苦労のかたちはじつにさまざまです。

それらに思いをはせれば、自身の苦労についてもこれまでとは少し違った向きあい方ができるようになると思います。

成績不振　娘ふたりにモヤモヤ

四十代のパート女性。中学三年と一年の娘の学業成績が振るわず、気持ちがモヤモヤしています。

優しく朗らかな娘たちで、明るく元気に学校に通ってはいます。何が問題なのか、これ以上、何を求めるのかとは思います。テストに向けた勉強もまじめに取り組んでいます。

しかし、自分の学生時代と比べてしまい、もっと要領よく、気合を入れてやれば伸びるのに、と悔しくなるのです。娘たちには「いいんだよ。がんばったんだから、この成績を受けとめ、次に進もう」と言っても、内心を見透かされ、「お母さん、私たちより落ち込んでる」と指摘されます。

成績が良ければ、より良い進学ができ、より良い友だちもでき、ひいては、将来の選択肢が広がると、要らぬことを考えてしまいます。

どうか、私の煩悩を消してくれるようなアドバイスをお願いします。

（愛知・M子）

「悔しい」思いをしているとおっしゃるわりには、底抜けに楽観的でいらっしゃるようですね。

お嬢さんふたりの学業成績を見て、「成績が良ければ、より良い進学ができ、より良い友だちもでき、ひいては、将来の選択肢が広がる」とすぐに思ってしまうところに、あなたの楽天性がみごとに表れています。

成績が良くても、万が一にも、事故に遭《あ》ったり病気に罹《かか》ったりして、進学どころでなくなるかもしれない。友だちに裏切られることもないとは言えない。卒業しても不況で就職できないこともありうるし、もしうまく就職できても、こんどは会社のほうがつぶれるかもしれない……。

そういうさまざまの負の可能性も勘定に入れると、いま、ちゃんと学校へ通えていることも、僥倖《ぎょうこう》のように見えてくるのではないですか。

人生でそのような負の出来事に直面したときに、それらをうまくさばける、しのげる、潜《くぐ》り抜けられる、そのようなわざを身につけることが、じつは学びとしてはもっと大事なことのように思います。そういう能力をお嬢さんらがきちんと備えていけるか、気にかけるほうが先でしょう。

学びとしてもっと大事なこと

高卒の学歴に悩む

四十代公務員女性。過去は変えられないとわかっていますが、自分の学歴についてずっと悩みつづけています。

高校卒業後に就職して三十年近く。いまだにこんなことを言うのは恥ずかしいのですが、高校時代は成績もよく、地元の国立大が合格圏内でした。経済的事情から、その国立大一本に絞って受験して失敗。自分より成績の悪い人たちが次々に進学するのが悔しく、絶望のどん底でした。いまでも大学入試の夢をみます。

当時、卒業後は働くのが当然で浪人は考えませんでした。職場で「高卒」を理由にあからさまな差別を受けているわけではありません。でも「誰それは○○大卒」という話題が出るたびに身を切られるようなつらさ、恥ずかしさを感じます。

今は猫もしゃくしも大学に行く時代。部下にも若い大卒の職員が増えました。いまだにこんなことで悩むのはおかしいかもしれませんが、とても苦しいのです。どう生きれば気持ちが楽になりますか。

（東京・S子）

職場で学歴を理由にあからさまな差別を受けているわけではないというのは当然です。現場の責任者は、学歴よりも、ほんとうに力のある人、組織の力になってくれる部下を求めるに決まっているからです。私が大学の管理職にあったとき、なにかにつけ頼りにしたのは高卒の職員の方々でした。一日も早く世の中の役に立ちたいと、進学ではなく就職を選んだ人が多かったからです。

ひとが苦しむ理由の多くは、理不尽というところにあります。実力だけでは物事は動かない。自分のせいではないところでもうハンディキャップがついている。フェアじゃない、だから口惜しい……。

ですが、経歴で差がつくことはつらいにしても、実力そのもので差を見せつけられることはもっとつらいですよ。おまえはどうあがいてもあいつには及ばないと宣告されたようで。

コンプレックスは、弱さではなく強さのしるしです。いまの自分の状態をなんとか超えたいとじりじりしているからです。学歴をつけるためでなく、ほんとうの実力をつけるために、これからももっと学ぼうとするあなたの姿が私にははっきり思い浮かびます。

コンプレックスは強さのしるしです

息子が元夫との暮らし望む

四十代の会社員女性。息子が元夫の家で暮らしたいと言いだしました。そちらのほうが自由で、優しく接してもらえるというのです。

離婚したのは、高校三年の息子が二歳のとき。以来、ふたりだけの生活のなか、子育てしてきました。息子にも家事を手伝わせ、助けあって生活してきたのです。

ところが、うるさく感じるようです。小学三年のとき、元夫の家に月に二回行くようになってから、「向こうでは手伝ってと言われない」と言いだし、ケンカになりました。小遣いなどももらっています。

受験勉強中の息子の希望で、塾も二か所に通わせるなど、経済的に精いっぱいのことをしているつもりです。しかし、生活上のことで注意すると、元夫の母に私の悪口を言っているそうです。私への態度は日に日に悪くなっています。

一生懸命育ててきたつもりです。息子の心が私から離れ、悲しい気持ちでいっぱいです。

（K子）

息子さんに対する寂しい気持ち。しかと伝わってきます。離婚後、二歳のときから助けあってきたはずの子ども。余裕がないなかでもなんとか塾に通わせ、がんばってきたのに、お子さんのほうは甘やかしてくれる元の夫や姑《しゅうとめ》のほうになびき、いまの「私」との生活を鬱陶《うっとう》しがって、そこから解放されたいと願っている……。悲しいですね。

でも、お子さんのほうも楽なほうに流れるというより、ひたすら自分のために尽くしてくれるあなたの献身を、重すぎると感じてきたのかもしれません。

わかりません。わかりませんが、しばらくはお子さんのしたいようにしておけばどうですか。ほんとうに自分のことを思っているのはだれなのか、彼はいずれ自分で判断するはずです。もし向こうもまた彼のことを思ってそうしているのなら、それはそれでいいこと。でもあなたはたぶんそう思えない。

お子さんのことを「だれのものか」と突きつめてはいけません。お子さんの人生はお子さんのものです。彼が選び、その結果も引き受けていくしかない。そのことを踏まえて、応援するとしたら何ができるか、焦らずに考えていきましょう。

あなたの献身を、重すぎると感じてきたのかも

4

加減がわからない

あいさつというのは、
たがいにその存在を認めている
という合図のようなものです。

「ねえねえ」と話をもちかけるのではなく
(もちかけられるほうはたいていうっとうしいものです)、
関心はもっているけれど、深入りしない、
でももし何かあったときは応える用意はありますよ
というメッセージを、
人はあいさつというかたちで送りあっているのでしょう。

高校進学　友だちつくれるか不安

十五歳女子。この春、中学を卒業し、高校生になります。友だちをつくれるかどうかがいま、いちばん不安です。

中学二年生のときに、不登校を経験しました。きっかけは、何にも悪いことをしていないのに、いじめを受けたこと。もともと、おとなしい性格でしたが、人とのかかわり方に恐怖を感じるようになりました。

それ以来、「友だち」という存在が自分の中からかき消されていきました。休日に散歩に出かけても、ずっと下を向いて歩くことしかできません。他人と目が合うだけで、怖くなってしまうからです。

高校は定時制を選んで、無事、合格できました。友だちが怖くなってしまった私は、高校に進学しても、このままずっと一人で過ごさなければならないのでしょうか。心配でなりません。たくさん友だちをつくりたいという希望もあります。どうすれば、仲の良い友だちをつくれるのか、入学前のアドバイスをお願いします。

（東京・K子）

私の身近にも何人か、不登校経験者がいます。彼らは何かにつけ大きな声で自己主張はしませんが、自分がすっと受け入れられるものと、どうしても譲れないものとの差をはっきり知っている。これは生きるうえでとても大事なことです。

この春から定時制高校に進まれるとのこと。悪くない選択だと思います。いまの世の中、友だちといえばみな同級生ということになっていますが、これはちっともあたりまえのことではありません。年の離れた友だちというのも、あり、です。定時制に入れば、うんと年の違う人と机を並べることもあるでしょう。そのうち自分とはまったく違う悩みに思わず接しもします。その話を聞く、そんな小さなきっかけで友だちというのは生まれるものです。

グループの輪からはじかれる、だれの目にも自分のことが映っていない、というのはほんとうにつらいものです。でも、友だちは「つくる」というよりも「できる」と考えたほうがいい。友だちをつくろうとして何かをやるよりも、自分が納得できることをやりつづけていれば、あの子、何やっているんだろう……とふと目を向けられ、それをきっかけに友だちができる。きっと。

友だちは「つくる」というよりも「できる」

高校の友人四人が無視

女子高校生。信頼していた友人たちから無視されるようになりました。友人とは何か、わからなくなってしまいました。

一年前から、四人の友人と仲良くしていました。何でも言え、卒業後もつきあっていけるほんとうの友人ができたと思っていました。

しかし、そのうちの一人がとてもわがままで、私は我慢の限界になっていました。五人で集まった日、私の思いに気づいた他の三人が、「気を遣《つか》いあう仲じゃない。言いたいことを言って」と促してきました。私はイライラをそのまま、ぶつけてしまいました。

すると、次の日から四人はすれ違っても私を無視して話さなくなったのです。揚げ句の果てに、「あの言い方はきつすぎる」と言われてしまいました。

友人が一瞬でいなくなり、不安です。ほんとうの友人とはどのようなものなのでしょうか。

（大阪・A子）

仲がいいということと、友人であることは、同じではありません。友だちは、同じ気持ちで密着するばかりでなく、相手のことを思い、ときに言いにくい助言もするものです。

だからあなたが思い余って苦言を口にしたのは正しいことなのですが、どうも冷静な助言というより、イライラをぶつけるばかりだったようですね。ここは反省しないといけません。

苦しいときにそばで支えてくれた。そこに生まれた信頼が「友情」というものを育みます。やろうとしていることは正解ではないかもしれないけれど、でも逃げずに支えてくれた。そして事が済んでから、それがほんとうによかったのかどうか、質《ただ》してくれた。それが「ほんとうの友人」です。「苦しいときの友こそ真の友」という英語のことわざも、それを言っています。

修羅場をいっしょにくぐり抜けた経験がある友人は、久しぶりに会っても、「最近、どう?」「まあ、いろんなことあるもんだね」くらいのやりとりで終わるものです。かつて苦境をともにした思い出がしかとあるので、相手がいま苦しい思いをしているらしいことは、事細かに聞かずとも推し量れるのです。

あなたが仲間と「本当の友人」になれるかどうか決まるのは、これからです。

そこに生まれた信頼が「友情」を育みます

きまじめな性格　直したい

二十代の会社員女性。きまじめで、気にしすぎな性格を直したいです。

仕事はきっちりしないと気が済みません。友人との待ち合わせは遅くとも十分前には到着。公私とも、頼まれたことはなるべく早く処理します。迷惑をかけたくないのがいちばんの理由ですが、自信がなく、物事をきちんとこなして人に評価されたいという気持ちがあるのだと思います。

まわりからはよく、「もっといいかげんになれ」と言われます。自分なりに手を抜いてみたり、人に頼めることは頼んでみたりしていますが、罪悪感がつのるばかりです。考えるほど、どこまでが常識の範囲内で、どこからが非常識なのか、わからなくなってしまいます。

「もっとゆるやかに生きたほうがいい」と頭ではわかっているのですが、どうしても気楽に考えることができないのです。この息苦しさから抜け出すには、どうしたらいいでしょうか。


（栃木・N子）

人はみな心の内はぐじゅぐじゅです。だれしも思いは千々に乱れ、しかと確信ももてず、ときには周囲に流され、ときには空気が読めずにとんでもない発言をしたりするものです。

そんな不安があるから、みなまず外形を整えようとします。ほころびを避けようとします。そこがきちんとできたら、気持ちも揺るがないと思うからです。

それがぐんとエスカレートしているのが、いまのあなたです。ミスをしてはいけない。他人に迷惑をかけてはいけない……。「いけない」のオンパレードです。

「もっといいかげんになったら」と言われても、「いいかげん」がどういうものか、体感ではわからないのでしょう。「もっと力を抜いて」と言われても、抜き具合がつかめないのでしょう。

楽しいか楽しくないかで判断してみてください

気持ちがぐじゅぐじゅのままでは、たしかにもちません。そこで提案なのですが、これからは何ごとにつけ、楽しいか楽しくないかで判断してみてください。それならきっとはっきりとわかる。そして楽しくないことは、無理をしてまでがんばらないこと。それを次の一歩とするのです。

あなたにはこれも大冒険ではあるでしょうが、まずは挑んでみてください。

新社会人　人間関係が不安

二十代の会社員男性。今春、大学を卒業しました。家族以外の他人との接触をしてこなかったので、この先の社会人生活が不安です。

大学では勉強に熱心に取り組みましたが、積極的に友人をつくることはせず、恋人もおらず、アルバイトも短期間しただけです。就職活動では苦労しましたが、なんとか就職できました。しかし、同年代の人が知っている社会常識がなく、大学のゼミやバイト先では、非常識な人間だと思われることがたびたびありました。就活を通して常識が身についたとも思えません。勉強さえできれば生きていけると考え、人間関係をおろそかにしてきた反動が襲いかかってきたのです。

これから、身をさらして傷ついて学んでいけばいいのでしょうか。精神的に弱いため、傷ついて乗り越えるのは無理だと思います。

どんなことを意識して日常生活を送るようにすればいいでしょうか。

(東京・Q男)

どうもあなたはとんでもない勘違いをしている。

あなたはこれまで「家族以外の他人との接触をしてこなかった」と言いますが、これまでずっと学校には通ってきたわけでしょう。アルバイトも就職活動もとりあえずはしてきたわけです。これが他人との接触以外の何だというのですか。

ほんとうはずっと他人にまみれて生きてきたのに、それをあなたはまるっきりないことにしてきた。そこに問題があると思います。

あなたにとって「社会」はあなたの眼《め》に映っているものに限られている。けれどもあなたの存在は眼だけではありません。背中も横顔も他の人にとってはまぎれもなくあなたそのものなのです。それをあなたは他の人たちにさらしてきたのに、その事実をあなたは引き受けようとしなかった。

あなたはこれから傷つくことも覚悟しないといけないのかと言います。けれど、もう傷ついているのです。生き方をめぐってどつぼにはまっているのですから。

あなたが他人をないものにするから他人もあなたをないものとして扱う。それがくり返されてきたのです。他人に映っている自分をまずは正視する、そこから改めて始めることです。

他人に映っている自分をまずは正視する

職場の昼休みの雑談が苦痛

二十代女性。職場で昼休みに雑談するのがつらく、悩んでいます。

以前の職場で悩んだことはなく、家族や友人とも楽しく話せます。まず、根本的にいまの職場の人が嫌いなのではないかということがあります。会社の備品を自分の家に持ち帰って平気、という価値観の人ばかりで好きになれないのです。

話の内容がわからないこともあります。話題が私の異動前の話だったりで、会話に加われません。発言しても揚げ足を取られ、不快になるばかりです。昼休みが近づくにつれ、動悸《どうき》や胃痛がひどくなりました。

一人だけ会話できる人がいます。その人も私と同じような気持ちをもっていますが、上手に会話に加わっています。なぜ私にはできないのかと、自分の駄目さ加減に失望しています。

なんとかして乗り越えたいと思っていますが、どうすればいいのでしょうか。（愛知・C子）

職場の空気になじめず、社員の会話にも入っていけない。そんな心労を重ねているうち動悸と胃痛に苦しむようになった。ただ、一人楽に話せる人がいるが、その人はみんなに適当に合わせている。それができないと最後は自分を責めてしまう……。

別の職場に変わるほかないようですが、しかし、いやな人のいない職場、違和感のまったくない職場などそうそうあるものではありません。策はすぐに見つかりません。

あなたの相談文を読ませていただき、とても感心したことがあります。冒頭でまとめさせていただいたような、現況を分析するあなたの文章の起承転結という構成のみごとさです。くわえてその前提となる正確な観察力もそなえている。

あなたには、何かを懸命にやっている人を見守り、支える仕事が合うように思いました。研究の助手、幼児の保育、訪問介護、悩みごとの相談役、会社の受付や危機管理などです。

いずれも資格が要るでしょうから、準備の時間が必要になります。でも当座、そちらに集中できれば、職場での休憩時間の塞いだ気分も同時に軽減できるのではないでしょうか。

懸命にやっている人を見守り、支える仕事を

職場への感謝　どう伝える

二十代の男性。介護現場で働きながら、一年前から大学受験の勉強をし、志望校に合格しました。春から大学生です。応援してくれた職場の人たちにどう感謝を伝えるかで迷っています。

この一年、上司や同僚の理解があって、仕事と勉強を両立することができました。多くの同僚が常に「勉強はどう？」「大丈夫？」と気にかけてくれ、ほんとうにありがたかったです。何人かは食事に連れて行ってくれたりもしました。

そこで、今度する旅行のお土産として、職場のみんなで食べられるものを買ってこようと思っています。それとは別に、食事をごちそうしてくれたりした人には、個別にお土産を渡したいのですが、区別しているようで、「あの人にだけ！」とならないか心配です。

一部の人に個別に渡すのは間違った考えでしょうか。職場全体に感謝しつつ、個別に感謝を伝えるには、どうしたらいいでしょうか。

（大阪・S男）

一念発起、春からいよいよ大学で学ばれるとのこと。よかったですね。仕事に就きながらの受験勉強。それを温かく見守り、支えてくれた方々に感謝の気持ちをていねいに伝えたいというのはよくわかります。

でも、これは思い悩むほどのことでしょうか。職場の全員に、特別の人には個々にというのは、なにも両立できないことではありません。旅行に行ったときにはみなにお土産を配り、特別の人にはあとで渡すということで何の問題もないのではないでしょうか。

気になるのはむしろ、あなたが周囲に気を配るあまり、本筋を見失いかけているのではないかということです。さらにいえば、感謝している相手のことよりも、感謝の仕方にばかり気がいっていることです。

応援してくれた人は、ほんとうはあなたの「うれしい！」「ありがとう！」といった反応を見るのがうれしいのです。そのあと、あなたがいつになくうきうきしていたり、感謝の気持ちを別の人にも向け、誰彼となくこまめに助けるようになったりしているのを見るだけで十分なのです。

どう感謝するか考える前に、まずは応援にきちんと応えることです。

まずは応援にきちんと応えること

後輩に厳しくできない

二十代の会社員女性。上司から、後輩社員を厳しく指導するように言われ、悩んでいます。私は、普段から後輩の話をよく聞き、ほめるように心がけてきました。話しやすい先輩として意識されているようです。自分では「いつもは優しく、時に厳しい先輩」が理想なのですが、うまくいきません。

上司に相談すると、「後輩になめられないように」「間接的な伝え方が良くない。厳しく言うことが大切だ」と助言されました。正論として理解はできますが、実践するのは気が進みません。後輩の話をよく聞くことがまったく評価されず、指導力がないことばかり指摘されている気がして、むなしくなります。

仕事をするうえで、後輩から「鬱陶《うっとう》しい存在」と思われたくない、というのが本音です。私自身、「鬱陶《うっとう》しい存在」には多く接してきましたが、尊敬できる先輩に出会ったことがないからかもしれません。アドバイスをお願いします。

（東京・U子）

ある介護施設で、配膳した料理を「おいしいですか？」と聞くのをやめて、いっしょに食事をとりながら「おいしいね」と言いあうようになって、入所者の方たちとの関係がぐっと変わったという話を聞いたことがあります。

あなたは無理して「上から目線」になろうとしていませんか。それはあなたには似合いません。目の前の仕事に懸命に取り組んでいるときのほうが、きっとあなたは楽しいのでしょう。そのワクワク感こそ、横で仕事をしている後輩にはきちんと伝わるものです。

そう、背中で何かを伝えることが大事で、そのためにはあなた自身が輝いていなければなりません。どう接するかなどと考えているいとまはないはずです。

後輩を「指導」するという意識を消しましょう。それよりいっしょに仕事をしていて楽しい場を工夫して創りましょう。

指導とは上下関係。そこにはいやでも力関係が生まれ、どうしても構えを崩せません。仕事が楽しくてしかたがない、手抜きなどいいかげんな働き方はしない。あなたのそういう姿を見せるのがいちばんの近道です。

いっしょに仕事をしていて楽しい場を工夫して

社内で不正を見つけてしまった

三十代の会社員女性。勤めている会社で不正を見つけてしまいました。だれかに言うべきか迷っています。

会社ではお金の管理をしています。しばらく前から、少額ではありますが、売り上げからお金がなくなっていくのです。

当初は私の計算間違いだと思っていました。最近になり、頻度が増えてきて、会社のだれかが盗んでいるのだと確信するようになりました。上司に相談しようと思っています。

しかし、私のひと言で大きな問題になり、盗んでいた人の人生をダメにしてしまうのではないかと、不安になります。人生を奪ってしまうかもしれないと思うと、だれに相談すべきかさえ迷ってしまう始末です。こういうことにかかわりたくないと思うようになり、いっそ、退職したほうがいいのではないかと、何度も考えてしまいました。

どうして、してはいけないことをやってしまうのでしょう。盗んでいる人の心理が私には理解できません。

（東京・O子）

淡々と事実を上司に報告する。それしかありません。上司に報告したあとも、すぐにはすんなりいかないかもしれません。だれが「密告」したかの詮索が社内で始まるかもしれないし（密告ではなく当然の行動ですが）、ひょっとして事が露見しないよう上司が策を弄するかもしれません。

それでもやはり淡々と報告しなければなりません。

人生にも仕事にも、これをやったら終わりという瀬戸際があります。跨《また》いではならない敷居といってもいいです。小さな過ちをくり返しているうちに、この敷居の意識がだんだんと鈍ってきて、ついにそれを跨ぎ越したことにすら気づかなくなります。

そしていま、あなた自身もじつは同じ敷居の前にいるのです。これを見過ごしたら、もう少し大きな過ちも見過ごすはめになる。気がつけば、過ちの温床が社内にじわーと広がっていて、会社が破綻寸前になっているかもしれません。

そういう流れをなんとしてもここで堰《せ》き止めるしかありません。中途半端な思いやりは不要です。思いやりは、発覚後のケアに向けるべきです。

これをやったら終わりという瀬戸際があります

夫の友人らになじめず

三十代のパートで働く主婦。まだ新婚で子どもはいません。夫の友人たちになじめないのです。

夫は情に厚く、男女の区別なく友だちづきあいが多い人。夫は、私にも彼らと仲良くしてもらいたいと強く思っています。期待に応えたいと思って、自分から話しかけるなど努力していますが、根本的に彼らが好きではないのです。がんばることに疲れてしまいました。

夫は休日に私を伴って友だちと食事や旅行に出かけ、我が家にもよく連れてきます。手伝いを申し出られても狭い台所で窮屈なので、私一人が動き回っています。終わると心底ほっとしてぐったり疲れてしまいます。

私にとってそれほど親しくない人といるのは気を使って疲れます。新婚だし、ふたりで過ごしたいのです。

夫は私が彼らと仲良くしていると喜ぶので、ほんとうは楽しくないことをハッキリとは言えません。ほどほどにつきあえればいいのですが、私以外はみんな仲が良く、疎外感を覚えています。

（神奈川・K子）

あなたが思い悩んでおられることは、見かけ以上に根の深い問題です。ソリが合わない人はだれにもいるものです。そういう人とはふつう距離を置けばいいのですが、夫婦となるとそうもいきません。ご主人の仲間づきあいにどうしてもなじめないのに、無理して楽しそうに合わせていると、ひどく疲れます。かといって、お好きにどうぞと、その場を外してしまえば角が立ちます。ふたりの仲もこじれてきます。

ひとには質《たち》や育ってきた環境の違いというものがあって、心地よいと思うことはそれぞれに異なります。それを無理して擦り合わせようとすると、違和感や不快さが余計につのってしまいます。ひとの業《ごう》とでもいいましょうか……。

ただ、ご主人の仲間の空気にあなたが一方的に合わせることはありません。しばらくはかなりエネルギーが要るかもしれませんが、事態を打開するために、あなたの友だちにその席に合流してもらってはいかがですか。向こうもいやでも気を使わざるをえなくなり、擦り合わせの新しいかたちが、難産の末、生まれるのではないかと思います。

あなたが一方的に合わせることはありません

ケチな祖父が孤独に

四十代のパート女性。八十代の祖父のケチぶりについて相談します。

一年前に祖母が亡くなってから祖父は一人暮らしです。きっちり厚生年金の保険料を納めていたので、生活にゆとりがあります。しかし、私の親と食事をしても、一銭も出しません。暑かった今夏も、冷房を使いませんでした。祖母も生前、冷暖房を使わないので生活しにくい様子でした。

私が病院の送迎などを手伝うと、「悪いなー」と一言だけ。タクシー代わりのようです。私自身は大学生を含む三人の子がおり、家計に余裕がありません。六十代の両親もパートなどでなんとか暮らしています。

両親はお金はなくても、ある分を気持ちよく使う性格なので、祖父と合わないようです。私も祖父がいやになりますが、寂しいだろうと電話などをしては、何か悲しい気持ちになります。孤独になっていく祖父への接し方のアドバイスをお願いします。

（兵庫・B子）

四世代がそう遠くない距離でたがいに助けあいつつ暮らす。昨今ではなかなかない環境ですね。いざ何かあっても安心で、うらやましいくらいです。

そのあなたが「祖父のケチぶり」に悲しい思いをしている。祖父の「孤独」を案じている。

でも、独居のおじいさんはほんとうに「孤独」なんでしょうか。

何を心地いいと感じるかは人それぞれです。お金の心配がないことがいちばんの安心という人もいれば、だれかといつも行き来があることを安心だと感じる人もいる。

自分の中からモノが出てゆくのを快く感じる人もいれば、内に一定程度溜《た》まっているのを快と感じる人もいる。たとえ金持ちであっても、通帳の残額がほんの少し減少傾向を見せただけで、動じてしまう人もいます。

おじいさんは交際費が増えるより、節約しつつひとりで気ままに生きることを選んでこられた。たくさんのご親族がおられるのですから、しばらくはそれぞれの誕生日にお祝い会を開き、そこへゲストとしてお招きしてさりげなく様子を見るくらいのつきあいでいいのではないでしょうか。

独居のおじいさんはほんとうに「孤独」？

五十代一人娘　寺との関係どうする

五十代の女性。長女で一人っ子です。寺とのつきあい方に悩んでいます。

八十代の父は、寺に年約三十万円のお布施(というのでしょうか)やお中元やお歳暮を贈り、折々の法要も欠かさずにかならず行ってきました。

父は自分の亡きあとも、私や夫に同じように寺とのつきあいを続けてもらいたい、先祖の墓を守っていってもらいたいと言うのです。正直、私たちにはその自信がありません。

けっしてお墓をないがしろにするつもりはないのです。ですが、現役で働いているならまだしも、これから私たちは年金で生活する身になります。そうしたら、寺にそんなお金を払う余裕はまったくなくなると思います。自分たちの生活で精いっぱいです。父のころとは時代が違うのです。

しかし、それを父に言ってもわかってもらえるとも思えません。父亡きあと、どういうかたちでお寺とかかわっていけばよいのでしょうか。回答をいただけたら幸いです。

(千葉・I子)

じつは私も一人っ子で、亡き父の妹が尼僧として寺を継いでいたので、寺とのおつきあいは楽ではありませんでした。でも、叔母亡きあと、私にはささやかでもお金で支援できるもっと大事なところがあると考え、そちらのほうを優先しています。

墓を守ることとお布施を多く包むことは、同じではありません。お布施というのは「気持ち」です。つまり、額は問題ではないということです。そこのところはお寺さんもいろいろな家庭の事情を見てこられてよくご存じのはずで、だからお布施が少ないから信仰心が薄いなどと思ったりはなさいません。

あなたが自分たちの将来を案じるのと同じように、お父さんはご先祖のことを案じてこられたのでしょう。ひとそれぞれに、いちばん大事だと思うことは違いますし、違って当然です。

ですから、お父さんがお元気なあいだはお父さんの思いを尊重してあげて、亡くなられたあとは、その気持ちを継いで墓参りをきちんとすれば、あとはあなたがほんとうに大事と思うことに心を向けていけばいいのではないでしょうか。

亡くなられたあとは、ほんとうに大事と思うことに

友人から便りの返事がない

六十代の主婦。年賀状や暑中見舞いのやりとりのことで相談いたします。私には、年賀状をやりとりしている古い友人が五人ほどおります。学生時代からのつきあいなので、かれこれ五十年になります。

ここ十年ほどは、暑中見舞いを出すようにしております。しかし、ほとんどの人から返事がありません。筆まめな私としては、「十分もあれば、返事ぐらい書けるのに、どうして便りを返してくれないのだろう」と思ってしまいます。少しつらく、悲しい気持ちにもなります。

彼らにとっては、もう私などは、近しい友人ではない、ということなのでしょうか。

暑中見舞いは、来年の夏からはもう出さないほうが賢明でしょうか。また年賀状はこれまでどおり出しつづけたほうがよいのでしょうか。気持ちの持ち方をお教えください。

（神奈川・N子）

やめるなんてもったいない。絶対出すべきです。ただし、ちょっと工夫をしたほうがいいかもしれません。

あなたはお友だちにどんな年賀状を出しておられますか。年頭の挨拶《あいさつ》だけ？　それなら向こうもおつきあいだけで年賀状を出すのがだんだん億劫《おっくう》になってきます。あるいは、ちょっとした近況報告も添えていますか？　それだと相手もくわしく書き返さねばならず、それがしだいに億劫になってきます。

たった五人なのですから、それぞれの葉書を「作品」と考えて、時間をかけて早めから制作にかかってはどうでしょう。絵を描くとか、俳句を添えるとか、詩のように字並びをデザインするとか。そう、自分のために書くのです。

近くにお住まいのおばあさんは、うちの犬におやつをあげるのを楽しみにしておられ、毎朝散歩がてらに立ち寄ってくださいます。お休みのときは犬ががっかりするのではないかと案じ、いつも事前に、野菜や花の絵を描いた葉書で知らせてくださいます。

手なれていない絵ですが、気持ちがこちらの心にぴたりと届きます。おばあさんは自分で自分を楽しくしておられたのです。これはいいですよ。

それぞれの葉書を「作品」と考えては

5

踏ん切りがつかない

問題解決の糸口を見つけるために
まずは自分から動くこと。
それに尽きます。

留学するか進路で悩む

高校二年女子。進路で悩んで学校をサボりがちです。

行きたい大学がありましたが、両親や姉から「向いていない」と言われ、わからなくなりました。私は一つのことに熱くなると周囲が見えない性格で、志望校にも熱くなりすぎていただけかもしれません。大学への熱が冷めたいま、サボりたい気持ちに負けてしまいます。

何をしたいか考えて浮かんだのが留学です。中学のときにオーストラリアで十日間ホームステイをしました。友だちもでき、先生にほめられて自信がもてました。

でも、私が思っていたよりずっと家の経済状況は良くないようです。塾に通うお金もありません。だから、いまの授業料の高い私立校を辞めて定時制に行き、バイトで費用をためて親に頼らずに留学をと考えています。

でも、そう親に話したら、学校を辞めたいだけの逃げじゃないかと言われました。自分でも心から望んでいるのか、自信がありません。こんな大きな人生の決断を自分ひとりで考えるのは不安で心細いです。

（東京・U子）

なんとなくつまんない、自分が何をやりたいのかよくわからない……。自分の輪郭がはっきりせず、行くべき方向も見えずに、なんとなく塞いだ気分だけがつのるというのは、十代にだれもが包まれるもやもやです。思春期にとてつもない化粧やファッションをしたりするのは、どこまでまわりで「通る」かを、つまりは自分をどこまで膨らませられるかを、恐る恐る試しているのかもしれません。

あなたはやりたいことがわからないと焦っています。ある大学の受験をあきらめ、いまは留学を考えています。けれどいざ動こうとすると、いろいろ難しそうな問題が見えてきて、自分がほんとうにそれを望んでいるのかもわからなくなっている。

あなたにはまだ手をつけていないことが二つあります。一つは、自分の将来を考えて「自分が何をしたいか」ばかり問い、「他人のために自分に何ができるか」と問うていないこと。いま一つは、案じるばかりでまだ一歩も踏み出していないことです。まずは動いて、それからそこでぶつかった問題について考えるようにすると、途中で心配の中身も変わっていきますよ。

まだ手をつけていないことが二つあります

やりたい仕事　次々と変わる

大学生の二十代女性。将来やりたい仕事がころころ変わり、困っています。

中学のころは、テレビドラマがきっかけで医者に、飛行機に乗って客室乗務員になりたいと思いました。音楽の先生を夢見たことも。

最終的には医者になろうと医学部をめざしましたが、入試に失敗。今は大学で臨床検査技師になるための勉強をしています。しかし、自動車教習所に通って、指導員に憧れるようになりました。そのため、コミュニケーション能力を高める勉強をしています。

自分でも、何かあるごとにやりたいことが変わっていいものかと思います。職業によって求められる知識や能力は違うため、習得する時間も必要です。

いまは、教習所の指導員にも、臨床検査技師にもなりたいと思っていますが、並行させるのは無理でしょう。私は勝手なのでしょうか。

（滋賀・O子）

天職とでも呼べる「ほんとうの仕事」を求めて、これではない、それでもないと、どれ一つ満足できずに次々と職を変える人がいます。一方で、飽きっぽくて一つのことに没頭できず、職を転々とする人もいます。正反対の生き方ですが、結果として一つの職にとどまれない点では同じです。あなたはどちらのタイプ？

あなたは二つの職業を並行させるのは無理だと言いますが、そうでしょうか。ある江戸学の研究家によれば、朝は障子を張り替え、昼は豆腐を売り歩いて、夜は屋台に立つというのが、江戸の町人のあいだではあたりまえだったそうです。

このように複数の「小商い」を日々こなす手もあれば、雑多なことを経験して「何でも屋」さんになる手もあります。さらにはいろんな仕事を組み合わせて、コンサルタントのような仕事を始めるのもありです。

まだ準備の段階なのに、準備のことで悩みすぎです

憧れやすいというのは、欠点ではありません。それに突き動かされていろんな勉強をするのも無駄ではない。ただ、あなたはまだ準備の段階なのに、準備のことで悩みすぎです。水に飛び込む前に悩むより、飛び込んだほうが早い。いずれ、それら憧れの仕事を実際にやってみれば、「これかな？」という感触がすぐに得られるはずです。

価値観違う父との同居

四十代の男性。主夫で派遣社員です。同居の八十代の父に優しくできません。母が他界し、父は長男である私との同居を望みました。「男子厨房《ちゅうぼう》に入らず」という時代の人で、食事や身の回りのことは一切できません。私が世話をしています。

現役時代の父は大企業に勤め、社用族でゴルフや夜遊び三昧。超安定志向で私にも価値観を押しつけてきました。私は美大に進みたかったのですが、父が許さず、就職に有利な学部に進みました。サラリーマンになりましたが、やりがいを見つけられず、転職も失敗。主たる収入は妻に頼っています。反対されなければ、好きな道に進み、凋落《ちょうらく》しなかったと思ってしまうのです。

父はマイホームの頭金を出すなど、経済的に支援してくれます。しかし、これまで私を否定してきたことを思うと、父の世話や将来の介護をする気持ちになれません。育ててくれた恩義は感じていて、終生、世話をしたいとも思うのですが、どのように心の整理をつけていいのかわからないのです。

（東京・J夫）

あなたはとても優しい人です。他人を抑え込んだり傷つけたりしてまで我を通すことをしない、そのような、人への優しさを感じました。

かつて何度もあなたの選択を「否定」してきたお父さんが、それでもあなたの世話になりたいと願っている。家計を奥様に頼っていても、奥様とのあいだでトラブルが起こるわけでもない。それは、あなたがそばにいてくれることにどこか安心や心地よさを感じているからでしょう。

あなたは、これまでずっと父親に自分の希望をはねつけられ続け、思いどおりの人生選択ができなかった、だからこのように「凋落」したのだと思っています。だがそうか。もし美大に進んでも、そこで他人を押しのけてまで自分の道を切りひらくことをしたでしょうか。他人に希望を砕かれたと思うから、逆に自分が選ばなかった道が輝いて見えるのではないですか。

あなたはこれからも父親の世話をしたいと考えている。あなたは抑えつけられたのでも囲い込まれたのでもなく、お父さんを包んでいたのです。あなたの人生、一本筋が通っていると私は思います。

あなたはとても優しい人です

マンガ家の夢　捨てきれない

五十七歳男性。結婚して二十三年になる妻と両親との四人暮らしです。若いときの夢を捨てきれません。

二十代のころ、マンガ家をめざして上京しました。思うように芽が出ず、経済的な理由もあって実家に戻った苦い経験があります。

その後、職を何回か変えながら、いまに至ります。生活のためにやりたくもない仕事をしてきました。他に何のスキルもない自分にはしかたのないことだと思います。それでも若いときの挫折が頭を離れず、少しずつ自作を投稿してきました。

気がつけば五十代の終わりに立っています。仕事で疲れた体で机に向かう体力、気力が衰えてきました。このままでは何もかもが中途半端に終わる気がします。最後の勝負として一年ほど自由な時間をもらい描くことに集中してみたいのです。

妻に話したら「そんなことをしたら離婚」とはっきり言われました。妻にも苦労をかけました。やはり若いときの夢など捨てて、実直に生活するべきなのでしょうか。

（愛知・M男）

人生をふり返って、あれもできなかった、これもできなかった……と指折り数えるのは寂しいもの、ほろ苦いものですね。私もいまの仕事、じつは「第三希望」でした。なりたいものになれず、でも、なりたいという夢をもちつづけられたのは、あなたが「実直」に人生を歩んでこられたからです。そういう「実直」はだれもが全うできるものではありません。でも、あの夢が叶《かな》わなかったと思いつめることで、この「実直」に影を落とすのはもったいないです。

マンガ家になることとマンガを描くことは、同じではありません。あなたが好きなのはマンガを描くことであって、マンガ家になることではないはずです。

マンガをもっともっと描いてください。町内の回覧板にマンガを載せてもらったらいい。公園で子どもたち相手に紙芝居をするのもいい。人への贈り物にマンガを添えてもいい。そのことで人の表情を緩ませることができます。そう、たとえ一瞬でもまちに明かりを灯《とも》すこと、それが、マンガ家であろうとなかろうと、マンガを愛する人の夢なのではないでしょうか。

たとえ一瞬でもまちに明かりを灯すこと

店を始めたい五十代主婦

五十代主婦。夫と小学生の娘がいます。結婚、出産して会社は辞めましたが、好きだった仕事を自分で始めるかどうか迷っています。

職を転々としてやりたいことがわからずにいたときに、雑誌で見つけた仕事に興味をもって就職しました。きつい仕事で何度も辞めようと思いました。それでも、お客様から「ステキ」「ありがとう」と言われる喜びを知りました。

辞めたあとも、繁忙期には元の職場を手伝っていました。でも、物足りなくて、自宅の庭で小さな店を始められないか検討中です。

店を構えずインターネットでの商売も考えましたが、機械音痴の私はライバルにかなわないでしょう。つぶれるリスクがあり、体力的に無理があるのも知っています。夫は反対しませんが、「いまさら」といった感じです。

それでも、現役でがんばれるのはあと十五年。残りの人生、好きなことをコツコツしながら生きていくのは無謀ですか。「やろう」「やめよう」を毎日心の中でつぶやいています。

（大阪・U子）

紆余曲折《うよきょくせつ》があったにしても、やっとやりがいのある仕事が見えてきた。うらやましいくらいです。

仕事というのは、就く前はいろいろ不安があるにしても、あなたのようにお客さんに「ステキ」とか「ありがとう」と言ってもらえると、ぐんとやる気が出てくるもので、しんどさも乗り越えられます。これはわたしにしかできない仕事だという感覚は、そのようにまわりの人から与えられるものです。

だからこれから「好きなことをコツコツ」というのは大賛成です。「いまさら」というより「いよいよ」と考えたほうがいいと思います。あなたの気持ちはもう動きだしている。あとは一歩踏み出すだけです。

一つ一ついい仕事をしておられたら、噂《うわさ》が噂を呼んで、お客さんは増えるはずです。インターネットの情報よりも、人づてに聞いた信頼ある情報のほうがはるかに確かです。いま、時代もそういう手ざわりのあるやりとりを求めています。

同じ後悔でも、やらない後悔より、やって後悔するほうが、あとではるかに納得がゆきます。

やって後悔するほうが、あとではるかに納得がゆく

介護で終わる人生むなしい

七十代の男性。二十年近く海外で仕事をしてきました。妻が病気になったので、数年前に介護と家事のために帰国しました。このまま私の人生が終わるのかと思うとむなしくなります。

私の毎日は、家事と介護、残りは新聞、読書と株を少々やって過ごしています。時間つぶしにいくつかの趣味をやってはみましたが、まったく興味がわきません。友人もおらず、毎日を空虚に過ごしています。

仕事の残務処理で年に何回か海外に出かけています。友人も多く、まだビジネスのチャンスがあると思います。妻を老人ホームに入れて、また海外で仕事を、と相談しましたが、妻は絶対反対。病は幸い快方に向かっていて、いまのまま、私の介護で自宅にいたいと思っているようです。

長く留守にしたので、そうするのが当然の義務とは思うものの、自分の人生がこのまま終わるのかと思うとやりきれません。今後をどう生きるべきか、ご指導ください。

（T男）

二十年近くにわたる海外での仕事に切りをつけ、奥様の介護へ。介護と家事以外は「時間つぶし」のような活動しかできず、むなしい思いをされているとのこと。あなたのように先取的な仕事をずっとやってこられた人には、同じことをひたすらくり返す毎日はどこか飽き足らないのでしょう。

いまはお元気で奥様の世話をこなしておられますが、もしあなたが病気にでもなれば、とたんに介護が続けられなくなります。介護は周囲に手が一つでも多くあれば、それだけリスクを避けられます。介護を一人で抱え込まないよう、元気なあいだに準備をしておくことも必要でしょう。

株価が動いたり、ビジネス・チャンスがあったりするとうずうずしてくるあなたですから、ここは一つ、手が足りないときに仲間で助けあう、そんなネットワークの構築に乗り出されてはいかがですか。そういう仕組みを一年休職して作り上げ、その後復職して遠隔地で暮らす親の介護をやりとげた人も知っています。けっしてたやすい取り組みではないですが、事業を起こすことの得意なあなたなら、きっといろんなアイデアが生まれてきそうな気がします。

ネットワークの構築に乗り出されては

6

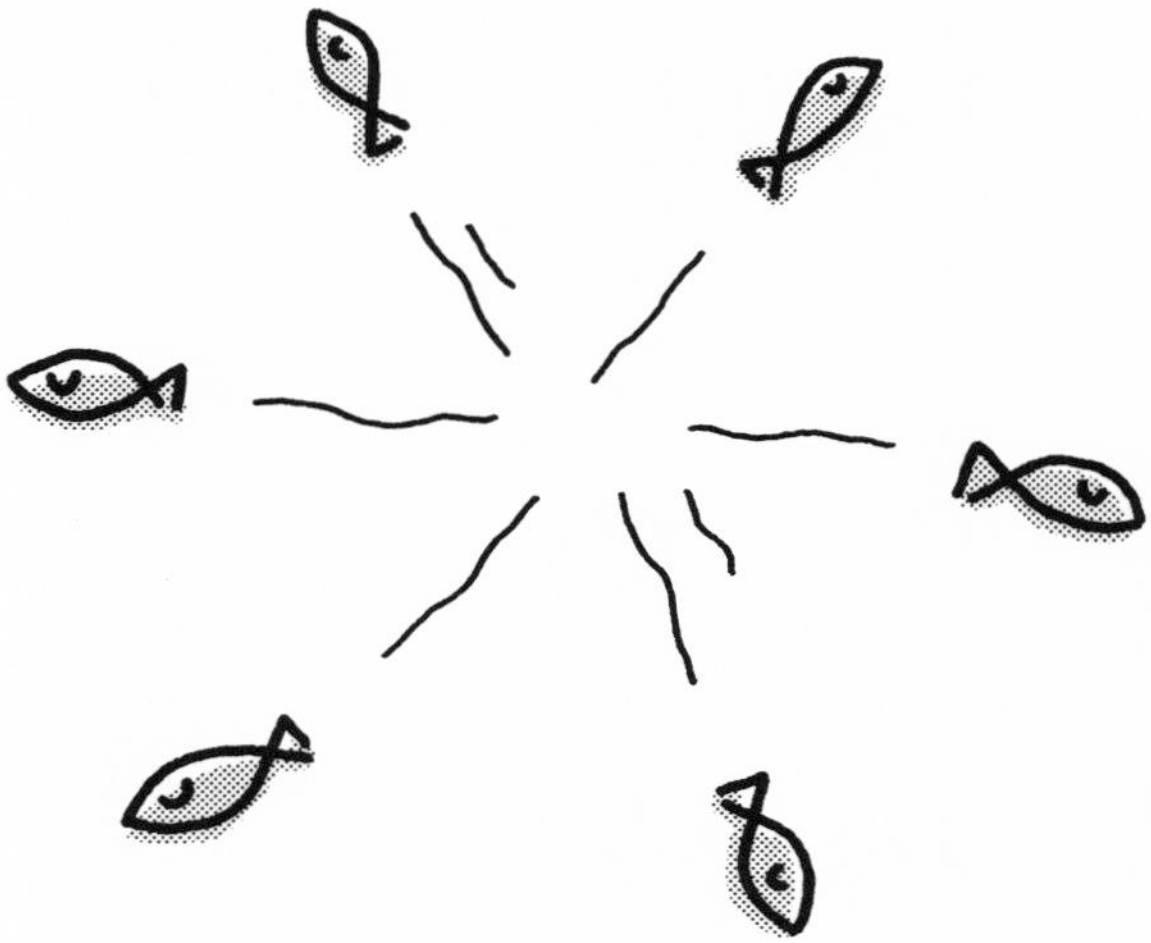

ソリがあわない

家庭は、
互いに無警戒でいられる場所、
見返りなしに尽くしあえるそんな場所ですが、
一つ間違うとその〈献身〉の関係は、
言葉はきついですが〈搾取〉の関係に
裏返ってしまいます。
家族だから世話してくれて当然、
というわけです。

家族どっぷりの夫　息苦しい

四十代の会社員女性。夫が家族にどっぷりなので、ときどき息苦しくなります。夫は仕事の帰りが早く、夕飯の支度や家事もこなしてくれます。家にいる時間が長く、高校生の娘の状況を私より把握しています。

娘は門限の延長やアルバイトをしたいと要望しますが、頑固な夫は認めません。「自分は家族のために仕事も家事もしているのに、娘は遊ぶことばかり考えている」という言い方をします。

娘は「そこまで自分を犠牲にしてほしいなんて頼んでいない」と言います。私も少し同感です。私でさえ、外出することに罪悪感を覚えることがあります。

夫に、もっと遊びに行ってもいいよと言ったところで、きっかけがなければ本人には苦痛かもしれません。ぜいたくな悩みと思われるかもしれませんが、どうしたら、夫の目がもう少し家族の外に向くでしょうか。

（神奈川・Y子）

「亭主、元気で留守がいい」と日々思っている人なら、こういうご主人は少々鬱陶《うっとう》しいでしょうね。外出好きの奥方なら「ラッキー！」とVサインでも送るところでしょうか。あなたはどうも、そこまでは割り切れていないようですね。

性根というのはすぐには変わらぬもの。だとしたら当事者としてではなく、第三者の立場で考えてみてはどうでしょう。そう、娘さんの身になって、です。

子どもにとってしんどいのは、両親のまなざしが一致して自分にばかり向いてくることです。始終監視されているようで、息が詰まってしまいます。親の期待に沿うか、反発するか、いずれかしかありません。

逆に、両親が考えのみならず行動まで正反対だと、不平はいつも両親のあいだを行き交い、自分のほうには向いてきません。向いてきても、そのつどどちらかを味方につければいいのです。どっちにもつかないという選択もありえます。

娘さんのためにも、夫と反対の行動に出る、つまり自分の収入で外で羽を伸ばしてみたらどうですか。もしいやでなかったら、いっしょに出かけようと誘う手もあります。あなたの言う「きっかけ」になるかもしれません。思い切っていずれかを試してみませんか。

娘さんのためにも、夫と反対の行動に出る

ぐうたら夫に腹が立つ

四十代のパート女性。結婚二十年の夫に腹が立ちます。「くそ」がつくほどまじめで冗談も言えず、何のおもしろみもない人です。趣味もなく、休日は家にいて食べて横になるだけで、太っています。頼めば洗い物などはしてくれますが、自分から体を動かそうとはせず、だらだらと酒やたばこを口にしています。みっともないありようにいらいらして、ついケンカになります。私は週末も仕事の日が多く、夫とはなるべくいっしょにいないようにしています。

子どもが三人いて、一人はまだ同居しています。子どもたちも半ばあきれながら、「何かしたら?」「趣味をもったら?」と言いますが、無視。こんな夫と今後、ずっといっしょにいるのかと思うと情けなく、腹も立ちます。ボランティアでも何でもいいから、外に出たり、体を動かしたり、人とつきあったりしてほしいと思っています。

どう言ったらわかってもらえるでしょうか。放っておくしかないでしょうか。

(北海道・R子)

あなたにかかると、ご主人のふるまいを表す言葉すべての前に「くそ」という語をつけねばならなくなりそうですね。いやはや重なる腹立ちやいらいらに、苦しいを通り越してばかばかしくなっておられる様子が目に浮かぶようです。

ずっと同じ列車の同じ席に並んできたと思っている夫婦が多いが、ほんとうは同じ速度で並行して走っている別の列車にたまたま乗っていて、ずっと車窓の向こうに同じ顔があっただけのことだと言ったフランスの哲学者がいます。たしかにこう考えると、あなたの苛立《いらだ》ちも少しは収まるのではないでしょうか。

そこで提案なのですが、ご主人にボランティアに出てもらうより、あなたがお友だちと連れ立ってどんどん外に出てみてはどうでしょう。そのほうが楽しくまた近道ではないかと思います。「お父さん、留守番たのみます！」と明るい声をかけて。

一つ、気になることもあります。同居しておられるお子さん、あいだに立って家の空気にうんざりしておられるということはありませんか。どうかそちらにもこまやかな気配りを。

同じ速度で並んで走っている別の列車

一言余計な五十代の夫

四十代の二児の母。五十代の夫が、一言余計な〝いらんこと言い〟で困っています。夫は人が喜ぶことは言わず、ムッとすることを言って笑います。皮肉＝ユーモアと思っているのかもしれませんが、それで人がいやな思いをするのがわからないようです。

夏休みが終わりに近づくと「休みも終わりやで～」。ダイエットで腹筋する娘に「それではやせへんで」など不愉快にしかならないことを言います。「アドバイスしたってるだけ。何が悪い」という態度です。

食事中にジュースを飲む子に「糖尿になるで」と言い、子どもがウンザリした表情なので注意すると「病気になってからでは遅いやろ」。それで私が「そうかもしれんけど楽しく食べたいやん。あなた毎日飲んでるけど病気になるから飲むなとだれも言わんやろ」と言うとフンとそっぽを向きました。

ほんとうに体が心配ならわかるのですが、夫は人をからかって笑いたいだけに思えて……。もう性格は直らないとあきらめるしかないのでしょうか。

（兵庫・N子）

〝いらんこと言い〟。そういう人っていますね。何を言ってもいちいち盾突く人、かならず一言いやみをつけ加える人とかも。これは持病のようなもので、ご主人の場合も治らないと思います。あなたはそれを不快に思っていますが、おふたりのやりとりを読ませていただいていると、あなたは鬱陶《うっとう》しいでしょうが、第三者としては笑えます。あなたも負けてはいない。関西人の会話はほんとうにおもしろいです。

いやみなことばかり言うご主人。どうせ持病が治りそうにないなら、彼が言葉でゲームを楽しんでいるのだと考えればいかがですか。関西人の会話のすごいところは、相手の発言中にすかさず茶々を入れて弾みをつけること、そしてなにより会話が途切れないように、いつも次に続くようなしかたで一回一回の発言を終えること。その術《すべ》を、家族を相手に磨いているのだと思えば、「ほら、もう一球」と相手がくたばるまではやし立てることもできますし、ときに相手をくじいてすかっとすることもできます。

いやみで会話に味つけするのもその高等テクニックだと思い定め、あなた自身もそれを楽しむ術を磨けばどうでしょう。

いやみで会話に味つけするのも高等テクニック

テレビの好み異なる妻

五十九歳のサラリーマン。専業主婦の妻は、私とテレビ番組の好みが違います。仕事が終わって家に帰り、焼酎のお湯割りを飲みながら好きな刑事もののドラマを見ます。最近のドラマは、初めに事件が起きるので、冒頭から見ないわけにはいきません。妻は血の流れるシーンが嫌いで、刑事番組を見たがりません。妻の好きな番組は私の大嫌いなトーク番組です。だからと言って、夕食を別々の部屋で取るのも、夫婦としてはいかがなものかと思います。

時々は我慢をして、妻にチャンネル権を渡すこともあります。しかし、せっかく見たい番組を我慢したのに、妻は途中で寝てしまっていることもあります。そんなときに私の怒りをどのように抑えたらいいのでしょうか。夫婦有意義な時間の過ごし方をご指導ください。

（埼玉・W男）

答えは簡単です。食事中はテレビを見ないことです。

夕食をともにしたいというのは、たとえたわいないことであっても語らいというものが夫婦のあいだには必要だと思っておられるからでしょう。

夫婦があれこれおしゃべりをするわけでもなく、テレビに気を取られながらご飯を食べる図というのは、家族だんらんではありません。ましてや、一方がテレビにくぎづけになって、他方がそのあいだそんな相方をいまいましく思っていたりすれば、ご飯もちっともおいしくないでしょう。ものの味と気持ちのありようとは深くつながっていますから。

食べるときは食べる。そして食事が終わったら、チャンネル権をくじやトランプのゲームで決める。そっちのほうがおもしろくなったらまさにけがの功名です。それができればとっくにやっているとおっしゃるなら、もう一台テレビを買うほかありませんね。

いずれ定年を迎えられたらチャンネル争いはもっと熾烈《しれつ》になります。その日のために、たとえば朝飯、昼飯を自分が作るからかわりに夜のチャンネル権は渡せ、といった戦術をいまからひまをみてひそかに練っておきましょうか。

ものの味と気持ちのありようとは深くつながっています

人に迷惑　反省しない娘

三十代の会社員男性。人に迷惑をかける中学生の娘への接し方で悩んでいます。

娘は、部活の練習や試合で遅刻してはいけないときに、親が必死で起こしても、まったく焦りません。ギリギリで出かけていきますし、先輩に連絡せずに欠席するのも平気です。

先日は、「部活帰りの寄り道禁止」というルールを数人の友人と破ったそうです。親として、先生や同級生、親御さんたちに申し訳ない気持ちでいっぱいです。しかも、こうした事実は、本人の口からでなく、先生から連絡をいただいて、初めて知ります。

反省してもらいたいので娘と話をするのですが、私の言葉はまったく響かず、早く話が終わればいいのに、という態度です。穏やかに話すように心がけていますが、先日は思わず手が出てしまいました。

信じてやりたいのですが、毎日こんなことのくりかえしで疲れてしまいます。娘が自主的に変わってくれるために、親として何ができるでしょうか。

（千葉・N男）

人格というものは、いろんな人とのつきあいのなかで、もみくちゃになりつつ形成されてゆくものです。そういう関係がいくつも並行しているなかで、それらの束として〈私〉というものが生まれてくる。親との関係というのはたしかに重いものですが、それでもそういう束をかたちづくる一つにすぎません。

先生や先輩、同級生との関係は、娘さんがご自身で紡いでいくものです。そこでいずれ自分流が通用しないことを思い知らされ、そのほかにもいろいろ痛い思いをするなかで、娘さんの人格もじわりじわり鍛えられていくことでしょう。

お父さんとしては、心配でならないのはわかりますが、ぐっと自制して外でのことにはかかわらない、けれども親子という関係のなかでは、言うべきことは言うというふうに、娘さんが納得しやすい方針を貫かれたらどうでしょう。

「信じてやりたい」、あるいは「自主的に娘が変わってくれる」のを願うのであれば、向こうから相談してきたときにじっくり応えることにして、自分のほうから干渉するのは控えたほうがいいでしょう。

親子の関係は、束をかたちづくる一つにすぎません

自分勝手で幼稚な夫

四十代の主婦。自分勝手な夫に嫌気が差します。

「子どもにゲームは悪影響だ」とか「お前が与えるからだ」などと、私を批判するくせに、自分が息子たちの相手をしたくないときや、休みたいときには、ゲームを与えて放っておきます。また、私が息子たちのために買っておいたお菓子を見つけだして食べるくせに、「最近、肉料理が多いから太ってきた」と私のせいにして、ダイエットのためだと言って、私が作った食事を残しています。もっともいやなのは、けんかをすると私を無視することです。私はきちんと話をしたいのに、腹を立てて私を無視し、返事もしないし、目も合わせません。

とても自分勝手で幼稚な男だと、情けなく思います。こんな人のもとで育つ息子たちが、同じようになってしまっては困るとつくづく思います。

こんな夫をどのように扱えばいいのでしょうか。

（山口・D子）

絵に描いたような手前勝手の亭主。これはもう最後の切り札を使うほかない。ストライキです。

ご主人は、外ではともかく、家の中では反撃がないと高を括《くく》っています。働いて稼いでいるのはオレだけだ、という勝手な思いもあるにちがいありません。

でも働いているのはあなたも同様。その仕事を拒否するのです。話し合いに応じない以上、家事ボイコットの宣言しかありません。

ご主人はきっと「だれが食わせてやっているんだ」と怒鳴《どな》るにちがいない。そうしたら「だれが作ってやっているんだ」と即座に言い返す。そして毎夕、お子さんたちとだけで外へ食事に出ます。ご主人は最初、激怒するでしょうが、そのうちちょっとは反省のそぶりを見せるようになるのではないでしょうか。

そのあとどうするか？　家事を手伝うことをボイコット撤回の条件とします。それでも埒《らち》があかなかったら？　お子さんに説明したうえでいったん家を出ます。こんどばかりはひょっとするとヤバイと、少しはしおらしくなるでしょう。

それでもだめなら？

「家族解散」の提案です。それくらいの挙に出ないと、事は動きません。

これはもう最後の切り札を使うほかない

長引く夫との冷戦状態

四十代女性。夫婦共働きで子どもはいません。夫との冷戦状態が苦痛です。夫は、私が注意したり、私に腹を立てたりすると、ムッとした態度で口をきかなくなります。そんな夫婦げんかはあたりまえだと思うのですが、その後、夫はなかなか気持ちを切り替えず、冷戦状態が四か月ぐらい続くのです。私は親とけんかしても翌日にはケロッと普通に戻っていたので、長く続く冷戦がつらいのです。

夫は家事を手伝ってくれ、とても助かっています。酒も飲まず、たばこも吸わず、賭け事もせず、趣味は家庭菜園とまじめな人です。普段から口数が少なく無口であまり会話もなく、いっしょにいても楽しくありません。

結婚当初は言いたいことを言っていましたが、いまは怒らせないよう気をつけています。それでも、一年に一回は冷戦状態になります。夫に何度も頼みましたが直りません。ストレスで体を壊したこともあります。どういう心持ちで過ごせばいいのか、アドバイスをお願いします。

（神奈川・I子）

感心するところもあれば、気に入らないところもある。伴侶がそういう存在であるのはあたりまえのことです。それをあなたもよくわかっておられる。にもかかわらず、いちど冷戦関係が勃発すると四か月も続く。そしてそれが体に故障となって出る。他のことなら立ち直りが早いあなたにとって、苦しいことですね。

夫婦も元はといえば他人です。他人どうしが、ときに居心地が悪くても至近距離で暮らす。そしてそういう相互拘束（エンゲージとはそういう意味です）が耐えがたくなれば、夫婦という契約を解消することもできる。その意味ではとても不安定な関係です。

そのなかで違和感が消えないままだと、「なぜいっしょにいないといけないの」という問いがくりかえし頭をもたげてきます。夫婦という関係は、ほころびをそのつど繕うという努力のなかでしか続きません。その小さな努力の積み重ねを互いの内に確認できたとき、苦労は感謝に裏返ります。

あなたにも収入があるのですから、いちどどちらかが実家やホテルから通勤し、週末に合流、という手も試してみたらいかがですか。まずは空気を変える工夫から始めましょう。

苦労は感謝に裏返ります

亡き夫の暴言　いまも腹立つ

七十代後半の女性。十四年も前に亡くなった夫が生前に発したたび重なる暴言に、いまだに腹が立って困っています。

心を傷つけられた記憶は、数えきれません。私が四十代のころには、「女も四十歳を過ぎたら、ババアだな」と、面と向かって言われました。こうした発言は結婚してすぐのころから始まり、夫が歯に食べ物をつけたままにしているので注意してあげたところ、「見えないからしかたがないだろ」と、逆に大声でどなられました。

暴言を受けるたびに落ち込みました。自宅から出て、長いあいだ、外を一人で歩きつづけたこともたびたびです。

日々、物事をできるだけプラスの方向に考えるように心がけながら、暮らしています。しかし、過去に夫から浴びせられた冷たい言葉だけは許せません。若いときは我慢していたのに、この年齢になって思い出し、心穏やかではいられないのです。

どのような心の持ちようでいればいいのでしょうか。どうぞご指導ください。

（北海道・Q子）

「いい思い出だけが残ること、それを成仏というのです」。友人の僧侶がかつてそんな言葉を教えてくれました。その意味ではご主人もきっとまだ成仏されていないのでしょう。

いつまでも忘れられないこと、どうしても許せないことが、私にもあります。その原因となったことを思い出すと、自分でも眉間に皺《しわ》が寄ってくるのがわかります。そういう心の固いしこりをもったままでいると、つい顔色に出てしまいます。そしてそれが、関係のないまわりの人たちの心まで曇らせてしまいます。

天は私たちに「忘れる」という天然の能力をつけてくれました。あなたがそうであるように、その能力がどうしてもうまく働かずにもがき苦しむ人のために、宗教は、「忘れる」とは別に、「赦《ゆる》す」という心持ちを私たちに教えてきました。

人として絶対にしてはいけないこと、ご主人がそれを教えてくれたと考えてみませんか。あの人がいたおかげで、これだけは絶対にすまいという人生の軸を自分のなかに通すことができた、と。そうすればあなたの表情にもふと温かみが射《さ》してくるはずです。

ご主人がそれを教えてくれたと考えてみませんか

7

のしかかるものが重い

家族は本来、
たがいに思いやるもの、
支えあうものですが、
家族の外での活動がうまくいかなかったり、
外との関係がぎくしゃくしたりすると、
家族がその捌《は》け口になることはよくあります。
悲しいことですが。

小六女子　母が介護で苦労

小学六年生の女子。祖母が認知症になり、母が苦労しています。

祖母は一年ぐらい前に認知症と診断され、デイサービスに通っています。最近は薬を何回も飲んでしまったり、外出した私と母に何度も電話をかけてきたりします。腰が痛いからとデイサービスを休み、「いままででいちばん痛い」と言って母を三十分おきに呼びます。

「痛いのを治すためにデイサービスに行くんでしょ。休んじゃやだめだよ」と私が言っても休もうとします。でも、家ではすたすた歩いています。

私は受験生なので、なかなか手伝えません。ストレスがたまり、たまに祖母にどなっている母の姿を見るのはつらいです。

私は不自由なく暮らせていて、勉強をさせてもらえます。でも、仕事をしてがんばって私を支えている母がつらそうにしているのが、私にもつらいです。

文句ばかり書きましたが祖母のことは好きです。どうしたらいいでしょうか。（埼玉・Y子）

ひとは、眠りこけていることもあれば、夢にうなされていることもある。起きていても、気持ちが高ぶってあらぬことを口にすることもあれば、何かに夢中になってまわりが見えないこともある。だれもが日々こんなふうにいくつかの世界を行き来しています。おばあさんはいま、そういう行き来が少し激しくなっておられるのだと考えてみればどうでしょう。

お母さんが、そしてあなたが、まだ赤ちゃんのとき、むずかるばかりで手のつけようのないあなた方を、おばあさんはなだめすかしつつ懸命に世話をしてくれたはずです。そのおばあさんがこんどは世話される番になっておられる。人生においては、世話する者とされる者は時とともに入れ替わっていくのです。

ひとは他人のみならず、自分のことも思うようにはなりません。その意味で、生きることは苦労の連続です。つまり、苦労は取り除くべきものではなく、分かちあうものなのです。あなたはいま、おばあさんとお母さん、おふたりのことで悲しみ、思い悩んでいますが、じつは同時に、こういう大事な学びをしているのです。

苦労は取り除くべきものではなく、分かちあうもの

いやなことを平気で言う父

高校一年生の女子。十五歳です。お父さんについての相談です。

私はもともとやせている体質です。そのことについて、お父さんがたまに「細すぎ」「やせすぎ」と平気で言ってきます。

やせていることは、私のコンプレックスになっていて、自分でもすごく気にしています。いちばん言われたくない言葉をお父さんに言われてしまうことがとてもいやで、そのことで悩んでいます。

同じように、お父さんは「体力をつけろ」とも言います。私自身も意識して、なるべく外に出かけ、自分なりに努力しているつもりです。それなのに、お父さんに命令的に言われてしまうのです。

お父さんはそのほかにも平気でいやなことを言います。私の気持ちや努力をうまくわかってもらえません。

わかってもらうには、どのようにしたらいいでしょうか。どうかアドバイスをお願いします。

（東京・K子）

自分がいやだと思っていることを先に言われるのは、それこそいやなものです。自分が決めたことを先に言われるのも、決めたあとにしつこくくり返されるのもいやなものです。

もっといやなのは、一所懸命にやっていることを「やってあたりまえ」と言われることでしょう。あれこれ考え、思い悩み、そのうえで決めたこと、決められなかったことの是非を、脈絡ぬきで断定されるのは、「私」の事情を知ろうともしないということで、無神経としか言いようがありません。あなたには何の非もありません。

では、どうするか。相手と渡りあえる言葉が必要です。「お父さん、きっと会社で女性に不人気でしょうね」といやみを言って、いやな思いをする辛《つら》さを伝えてみるとか、「もっと大きなこと考えられないの」と言い返す手などがありそうです。

要はお父さんを練習台にすることです。将来、いやな人に、あるいは心を寄せている人に、もっともいやなことを言われたときにぐらっと倒れることがないように。

サンドバッグを叩《たた》くのではなく、防具をつけてリングで撃ちあえる、これは格好のトレーニングになります。そんな練習をできるのが家庭という場所、最後は裏切られない場所です。

要は、お父さんを練習台にすることです

浪人生活に後ろめたさ

予備校に通う十代女性。今年、大学受験に失敗し、なんとか両親を説得して浪人をさせてもらいました。しかし、両親の私に対する接し方に、居心地の悪さを感じています。

父親は浪人中の生活のことをよく理解してくれていて、腫れ物にさわるように協力をしてくれています。仕事による心労がたまり、軽いうつ病のなか、働いてくれているのです。

一方、母親との関係は最悪です。私が予備校から帰ってくると、母親の口から出るのは、私に対する不満だけです。正論なので反論できません。話題を変えようとしても、「どうでもいい」と言って、私の友だちの進学状況をうらやんだりするため、会話が成り立たず、気まずいばかりです。

私は三人きょうだいの長女で、手本になるような行動をしなければならないのですが、私の行動が不幸を招いているようにしか思えません。今後の家族とのつきあい方について、アドバイスをお願いします。

（東京・H子）

大学受験に失敗したあなたに、お父さまがまるで「腫れ物」にさわるかのように接するのは当然のこと。意気消沈していないか、自暴自棄にならないかと心配でならないからです。それをあなたが負担に思ったとしても、これまた当然のことです。

病を抱えつつも、あなたのために必死でがんばってくれている父親への感謝と、他方、娘が思い描いたとおりにならないでいらだつ母親のぎすぎすした態度への嫌悪とのあいだで、あなたはひどく揺れ動いている。

「いずれかならず借りを返すから、いまはちょっと貸しといて」。友だちになら言えるそんな言葉を、両親にも向けてみたらいかがでしょう。これはけっして甘えではなくて、クールな貸し借りのお願いです。

あなたは年下のきょうだいの手本となるような行いをしなければと思いつめているようですが、あなたが両親の狭間《はざま》で苦しみ悶《もだ》えていれば、それを見つめるきょうだいも苦しくなります。両親と契約を結ぶくらいの鷹揚《おうよう》な構えを通すことができれば、きっと、きょうだいへの良い手本になるのではないかと思います。

甘えではなく、クールな貸し借りのお願い

仕事辞めた弟　家族に暴言

二十代の女性。一歳下の弟が、いつもイライラして家族にあたってきます。

弟は昨年春まで働いていましたが、辞めて家に戻ってきました。本人は「やりたいことがあるから辞めた」と言いますが、まったく就職活動をしていません。

機嫌が悪いと「クソババア！」「てめえに言われる筋合いはねえ！」などと暴言を浴びせてきます。ただ、たまに朝早く起きて一日三食食べる日だけは機嫌がいいです。普段は、一日に一食しか食べません。

父は逃げてばかりで、まともに弟と向きあおうとしません。母も弟とまったく口をきかなくなりました。私も、突然キレるのが怖くて話しかけられません。

弟は、人が気にしていることを平気で言ったりします。人をねぎらう気持ちもありません。毎日、家の空気が悪くて、食事もおいしくありません。

昔の弟はよく笑っていました。いまは死んだ魚のような目をしています。どうすれば以前の姿に戻れるでしょうか。

（埼玉・I子）

お父さんはややこしいことは全部お母さんに押しつけ、お母さんは弟さんとは話ができず、しようともしない。結局、荒れる弟の世話があなたに回ってくるけれど、すぐキレるので怖くてどうしていいかわからない……。たしかに理不尽ですね。

弟さんが乱暴な言葉で家族にあたるのは、甘えているからです。甘えることができるからです。やるべきことがわかっていながら、できない自分にいらだって、それを家族に向け、汚い言葉を浴びせるのは、「なんでこんなことするかくらいわかれよ」とばかりに家族にもたれかかっているからです。

外ではそれが通じないことを彼はよく知っている。だから退社した、せざるをえなかったのでしょう。

あなたには答えはもう見えているのではないですか。弟さんは一日一食だと機嫌が悪い。三食食べると妙に機嫌がいい。なら、これはもうどうしても三食、食べてもらうしかありません。何も食べさせないお仕置きよりもはるかに効き目があるのではないでしょうか。

ほんとうをいえば、食事を作ってあげる必要など、さらさらないのですが。

どうしても三食、食べてもらうしかありません

ご都合主義の父が苦手

二十代後半の会社員女性。父が好きになれません。

父は子どもっぽく、母方の祖母が亡くなったとき、悲しむ母の気持ちを考えず、電話でふざけたように親族に伝えていました。私の仕事上の失敗をまわりに言いふらしたこともあります。

ご都合主義で、私が転職を決めたときは批判的なことを言ったのに、大手企業に決まった途端、親族に自慢を始めました。気が短く、五十代半ばのころ、勤めていた会社の社長とけんかし、その日に仕事を辞めたこともあります。

毎晩、酒を飲んではくどくどと話をします。私自身も大人げないとは思いますが、面倒なので、話しかけられてもそっけない返事をすると、「かわいげがない」とどなり散らし、数時間たっても不機嫌なままです。

母には父への態度がそっけなさすぎると言われます。父には父なりの言い分があるとも思います。どうすればうまくやっていけるでしょう。


（広島・H子）

ひとは心の底から懲りたと思うのでないかぎり、その態度、変えてほしいという他人からの要求においそれと応じるものではありません。あなたのお父さんも、あなたが号泣するなり、家を出るくらいのことをしなければ、おのれを省みることもないでしょう。

長くともに暮らしてきたお母さんの目には、ひょっとしてお父さんの別の顔が映っているかもしれませんが、あなたにはお父さんがこんなふうに横柄に、無神経に、かつ小心に映っている。だったら、「そっけなさすぎる」というこいまの態度のままでいいと思います。

ただ、お父さんがそんな偏屈でいるのにも訳があるはずです。ひょっとして何かにもがいているのかもしれません。その訳がたとえ理にかなっていなくても、いまはだれもそんな間違いをどこか隠し持っています。そっけなくしても、お父さんのその訳を想像する余裕だけはもちつづけてください。気性が違っても、気持ちの察しようがなくても、距離を置いてそのもがきを慈しむ、くらいの平静さを。

難しいことではありますが、身近な人とそのような距離を保てたら、家の外でもきっと「懐の深い」人と言われるようになります。

距離を置いてそのもがきを慈しむ

九十歳近い父　意見に耳貸さず

五十代の主婦。実家の九十歳近い父がまわりの言うことを受け入れず、困っています。難聴で生活に支障があるのに、「だれにも迷惑はかけていない」と、補聴器を着けません。私が週に一度、食事を持って実家に様子を見に行くほか、月に二度、父の通院に付き添いますが、「毎週、来やがって」と、母にぼやくそうです。

家事も手伝わずに家に一日中いて、母のすることを監視しているようです。買い物に行くと、安いからと頼んでいない物を大量に買い込み、母が使い切らないと、どなりまくります。母はストレスがたまり、ノイローゼになりそうだと、泣いてばかりいます。

介護保険制度を根拠もなくインチキだと決めつけています。将来、自分が利用しなければならなくなっても、まったく受け付けないと思います。

どう接していけばいいか、助言をお願いいたします。

（大阪・K子）

九十歳近いお父さまは、人の手を借りないと日々の生活もままならないのに、家族のいろんな提案をことごとく拒否されるのですね。世話する家族より意気軒高、ご家族のほうが疲れ切っておられるわけですね。

でもじつはお父さまも焦っておられるのかもしれません。だれしも年をとれば、人に頼ることが増える。ささいなことでもするのが億劫《おっくう》になるし、体はよろけやすく、耳も遠くなる。いずれきっと下《しも》の世話にもなる。そして何かにつけて、しくじってしまう。しかもそれをうまく隠せない……。

元気なあいだはきっと、辻褄《つじつま》を合わせようとがんばるのでしょうが、周囲との軋轢《あつれき》が増えてくると、自分を納得させるため、無理な筋書きを押し通さざるをえなくなる。そのことでますます周囲から孤立してゆく。お父さまはものを盗《と》られたとか、妻が浮気しているといった妄想まで行っていないのがまだしもの救いです。

焦るのは、プライドがかかっているからです。ひどい「文句言い」も、一言一言、焦っていることの翻訳として聞けば、お父さまが何が崩れるとやばいと思い込んでいるかが少しは呑《の》み込めて、気持ちに余裕をもって接することができるかもしれません。容易《たやす》くはないですが健闘を祈ります。

焦るのは、プライドがかかっているからです

母の急死に責任感じる

五十代のパート従業員の男性。独身できょうだいもおらず、母とふたり暮らしでした。その母が自宅で急死しました。私のせいで死なせてしまったのではないかと、苦しくてたまりません。

八十六歳でした。朝、食卓に座ったまま亡くなっていました。そうめんを食べようとしていたようです。私が前日、母のためにコンビニで買ってきたものでした。医師は死因はわからないと言いますが、母の口にはそうめんが残っていました。

私が八年前に離婚したとき、五年前にリストラされたときも、パートの仕事しか見つけられなかったときも、母は励ましてくれました。母子家庭で苦労をして育ててもらったのに、何一つ期待に応えられず、喜ばすこともできませんでした。それどころか、認知症で夜中に騒ぐ母をどなることもありました。

仏壇の前で毎日、母に謝りながら泣いています。どうすれば立ち直れるでしょうか。

（大阪・M男）

勤めも結婚生活も思いどおりにはならず、そこへもってきて母一人子一人、長くいたわりあって生きてきた母親を自分の注意不足で「死なせてしまった」との悔いも重なって、八方塞《ふさ》がりになっておられる様子、よく伝わってきました。

もちろん、ふたりっきりの生活、距離が近すぎて、余計な憎まれ口を叩《たた》いたり、八つ当たりをしたりすることも、多々あったはずです。だから、思い出すと悔いばかりが残るのでしょう。でも、もう取り返しがつかないのではなく、逆に、これから始まるのだと考えてみましょう。これまではあなたは母にひとりの「ひと」として向きあうことがなかった。これからは「そのひと」とはじめてきちんと向きあって語りあえると。

ひとがだれかとほんとうにじっくり対話できるのは、本を読むときです。本を書いた人は未知の人です。だから距離がとれ、相手の言葉もすなおに受けとることができる。その言葉で自分を吟味もできる。

たしかにお母さまはもうおられません。でも、そのような対話の相手が自分にも生まれたのだと考えてください。お母さまの生前のさりげない言葉を思い出しながら。

対話の相手が自分にも生まれたのだと考えて

義姉の死　自分責める

七十代女性。夫は二十五年ほど前に亡くなりましたが、夫の姉とはずっと仲良くしていました。そんな彼女が昨年亡くなってしまいました。

独身だった義理の姉は、何にでも私の相談に乗ってくれ、頼りになる人でした。亡くなった日は、ふたりで買い物に出かけ、夜は部屋でいっしょにテレビを見ていました。私は十一時前に二階の自分の部屋に引きあげました。

深夜の十二時過ぎにトイレに行ったら、階下の風呂の扉から光が漏れていました。驚いて駆けつけると、中で彼女が倒れていました。近所の人に助けを頼み、まだ温かかったので、心臓を押すなどしました。救急車で病院に着くまでに電気ショックも施してくれましたが、生き返りませんでした。

どうしてもっと早く気がついてあげられなかったのか、助けてあげられなかったか、自問自答しています。毎日手を合わせて謝っていますが、思いが残ってどうしようもありません。

（千葉・G子）

小じゅうとさんと長年にわたり仲良くできるというのは、めったにないことです。おふたりがともに、人一倍、ひとを思いやれる方だったからでしょう。

阪神・淡路大震災のときのことです。息子が死んだのは自分のせいだと、ひたすら自分を責め、避難所でもだれとも話そうとしないご婦人がいらっしゃいました。受験勉強に疲れたのでしょう、夜、一階のこたつでぐっすり眠っている息子をかわいそうに思い、起こさずにそっと二階に上がると、翌未明の激震に家が崩れた。他人が「あなたのせいじゃない」と言っても、自分では絶対そうは思えない。苦しいですね。

苦しいなかでもなんとかお姉さんと過ごしたいい時間を思い出すようにしてください。あなたが思い出さないと、お姉さんのことをよく憶《おぼ》えている人はいなくなります。憶えている人がいなくなれば、お姉さんはほんとうに消えてなくなってしまいますから。

私の敬愛するお坊さんがこんなふうにおっしゃっていました。最後にいい思い出だけが残ること、それを「成仏」というのです、と。

最後にいい思い出だけが残ること、それが「成仏」

8

納得
できない

自立している、
つまり大人であるというのは、
自分に自信をもっているということでもありません。
自立というのは、
自分の今がどれほど多くの人に支えられているかを
熟知しているということです。

そしてだれかが困窮していれば、
自分のことは後回しにしても、
まずはその人の支えになろうとして動く、
そんな用意があるということです。

パソコン理解できず苦悩

三十代専業主婦。夫と子どもの四人家族です。パソコンが理解できず、途方に暮れています。パソコン操作が普通の人間の標準装備のように言われる世の中が憎らしくてたまりません。短大を卒業して市職員として採用されましたが、パソコンができず、周囲に迷惑をかけつづけるのが苦痛で三年でやめました。大きな挫折を味わいました。

再就職をめざして、最近面接に行きましたが、望む職種はパソコンが使えないため不採用。パソコンがここまで再就職や人生の障壁になるとは、悲しくて情けなくて泣きたいくらいです。この先もっとIT（情報技術）化が進むと、私はますます時代から取り残されるでしょう。私からすると、すべてにおいて電子機器に支配されている世の中は、不思議の塊で違和感がありました。パソコンさえも理解できない私に存在価値はあるのでしょうか。

（兵庫・R子）

私もITが苦手です。ケータイ、これはいや。SNS、これもからきしだめ。でもそれが功を奏することもあります。

近ごろ、講演ではみなプロジェクターを使いますが、私は使えません。でも、顔も見えない薄暗い空間で講演者も聴衆もスクリーンのほうを向いたままの講演よりも、じっと聴衆の目を見て語るほうが、言葉が胸にまっすぐ届くと言ってください。身のまわりを見ても、最近、なにか手書きのちらしや広告が増えていると思いませんか。

あなたのお手紙を拝見して、まず字が一つ一つきれいに、丹念に書かれているのに驚きました。これだけでもいろんな思いが伝わってきます。パソコンでは伝わらないことです。たぶんあなたは、手を使い、心を込めてする仕事に向いておられるのだと思います。つまむ、そろえる、もむ、こねる、なでる、編む、慈しむ、手を当てる……。ほら、もういくつかの仕事が浮かんだでしょう。

家族や友人、隣人とのつきあいは、あるいは養育、介護などの「いのちのお世話」は、最後のいちばん大事なところは対面でしかできません。手をていねいに用いないとできないこと、それを探すほうが人生の勉強にもなって絶対いいですよ。

最後のいちばん大事なところは対面でしかできません

周囲の「なあなあ」許せない

三十代女性。職場などで周囲の「なあなあ」「いいかげん」な雰囲気に腹が立ちます。人は人と割り切れず、周囲に流されることもプライドが許しません。人が嫌いになりました。私は、幼少のころより学校、地域、部活とあらゆる分野で代表の立場になることが多く、「上に立つ者の心得」を指導され、それに応えるべく努力してきました。それがいつしか自分の「あるべき姿」となりました。みなに頼られるとうれしく、さらなる向上を自らに課してきました。目標突破の充実感や努力が報われる喜びが大きく、いっそう自分を追い込んでしまいます。

子育て中ですが、「上に立つ者は余計に頭を低く」「裏表なく常にまじめに」という教えでなく、適当に流されていく処世術を重んじたほうが将来苦しまずにすむのではと感じます。しかし、私にはそんなすべは教えられないのです。理想と現実のはざまでもがいています。

（兵庫県・Y子）

ああ、これはしんどいなと思いました。

あなたは集団生活のなかでいつも、自分がなんとかせねば、と考えてこられたようですね。その責任感、使命感は認めます。でも集団というのは、率いる人も要れば、縁の下で支える人も要る。ときには、見守る人、鉄砲玉のように突進する人も要る。いろんな務めがたがいに補いあいながら動いていくものです。

良い上司とは、だから、上から何かを一方的に指示するのでなく、指示しなくても部下がそれぞれにいろいろ工夫してやるような環境をつくれる人、ということになるでしょう。

あなたの口ぶりには、なんともいえない息苦しさを感じます。それは「ゆるみ」や「すき」が見えないからではないでしょうか。

「ゆるみ」や「すき」があるというのは、適当にやること、流されることとは違います。ほかの考え方を容《い》れる余裕があるということです。そして、自分とは異なる発想や動き方をする他人に自分もまた支えられているということを知っているということです。あなたがそういう余裕をもたないと、まわりの人はあなた以上に余裕をなくし、創意工夫ができなくなります。

「ゆるみ」や「すき」をもたないと

日本の将来　不安な十四歳

十四歳の男子中学生です。ニュースを聞いたり見たりするたびに、不安になります。日本は先進国と言われているのに、いろいろな面で遅れているように思うからです。

たとえば、首相が短期間ですぐに交代してしまうこと。不安定で恥ずかしいし、世界の中で損をしていると思います。政党もたくさんあってよくわかりません。

国の借金の赤字国債が増え続けているのに、政治家は自分たちの政党のことしか考えていないように思えます。僕たちの未来に借金ばかり残さないでほしいのです。

僕らが大人になったときにどんな日本になっているのか先が見えず、暗い気持ちになります。大人に将来のことをもっと真剣に考えてほしい。いまの状況を変えるために、僕にできることは、何かありますか。アドバイスをお願いします。

（兵庫・I男）

この国の将来に不安を感じているあなたの気持ちは、私たち大人もいま共有しているものです。たぶん問題の根はとても深く、すぐには解決できないでしょう。

こういうときには、いちばん大事なことは何かを考える、という原点に帰るほかはありません。それは社会のなかで「絶対に手放してはならないもの」「あればいいけどなくてもいいもの」「あきらかになくていいもの」、それから「絶対にあってはならないこと」を、ざっと区分けできる判断力をそれぞれの人がもつということです。この判断はしばしば人によって異なりますから、他の人とじっくり話しあい、ともに納得のできる答えを見つける、そういう力も必要となるでしょう。

未来を変えたいという思いは頼もしいのですが、気になるのは、あなたの不安がどこかで聞いたような口ぶりでつづられていることです。判断力を磨くには、自分の言葉をもたなければなりません。フランスの高校にはコント・ランデュといって、講師の話を自分なりの言葉で要約するレッスンがあるそうです。そういう練習もしてみてはいかがでしょう。

遠回りのようですが、判断力と言葉をもった大人が増えれば、日本も変われるように思うのです。

いちばん大事なことは何かを考える

高校担任から暴力　恨み消えず

三十代の派遣社員の男性。高校時代に担任から暴行を受けていました。親に泣いて退学させてほしいと訴えましたが、聞き入れられませんでした。それ以来、運がまったくなく、担任への恨みの気持ちが消えません。

二年間の浪人を経て大学に入りましたが、大学院の入試でも失敗し、希望でないところに行きました。研究環境は良かったものの、人間関係のこじれから博士課程で中退。なんとか就職しましたが半年で首になり、いまは派遣で働いています。

学業、恋愛、仕事、友人関係など、何一つうまくいったと思えるものがありません。自分の中で踏ん切りをつけなければと思うのですが、やはり、恨みが一生消えることはないという結論に至ってしまいます。

履歴書に高校名を書くだけで何時間もかかり、後輩の制服姿を見ただけで怒りがこみ上げます。この先、どう生きればいいか。希望の見つけ方を教えてください。

（大阪・U男）

十代のときに教師から理不尽な暴行を受けたことが、あなたの深い傷になっていることは、想像に難くありません。辛《つら》いというより、痛ましい思い出です。

この人への恨みが自分の中にどんどん沈降していって、それが原因で、以後、学業も恋愛や仕事、友人関係も何一つうまくいかなくなったとあなたは思っています。

けれどもそれらすべてが、ほんとうに教師から受けた仕打ちに由来するものなのでしょうか。そう考えることで、その後の自分のふがいなさの言い訳にしようとしていませんか。

人生が一つの原因で説明できるということはおそらくありません。一つのことでも原因はこみ入っています。あなたの場合、自分の塞《ふさ》ぎの原因を一人の他人に押しつけることで、自分の見たくない自分に蓋をしているところがないか、いちど考えてみてください。

ある感情は別のもっと強い感情でしか押しのけられないものです。だから、憎しみよりさらに強い感情を別のところで発動させるべきです。もっと打ち込めるもの、もっと夢中になれるものを見つけるのが、さしあたってすぐにすべきことではないでしょうか。

人生が一つの原因で説明できる？

自分の子に「ちゃん」づけは変

四十代の学習塾講師の女性。若いお母さんたちが私と話をする時、自分の子どもを「ちゃん」づけで呼ぶのが気になります。

電話で、「○○ちゃん、お熱があるので、今日はお休みします」と言われると、そこは、「○○は熱があるので欠席させていただきます」と言うべきではないかと思ってしまうのです。口頭ならまだしも、メールでのやりとりでも「ちゃん」づけで書いてきます。自分の子どもを「王子」「姫」と話すお母さんにも抵抗感があります。

上司からは、お母さんたちとジェネレーションギャップをつくらないために、精神的に年をとらないように注意しなさいとよく言われます。努めてはいますが、どうしても気になってしまいます。

お母さんたちの良き理解者でありたいのに、気になる自分が嫌になります。態度には出ていないと思いますが、どうしたらいいでしょう。

（茨城・O子）

あなたのような違和感をもつ人は少なくないでしょう。日本の家庭では、中心はいつも子どもです。子どもを核に、祖父母はおじいちゃん・おばあちゃん、親はパパ・ママと、大人どうしのあいだでもそう呼びあいます。今は家の外でもそうなりだしているのでしょう。

けれども世間は身内ではありません。家の外でも家庭内でのようにふるまっていると、子どもはしだいに王子や姫のような気分になって、能力以上の存在感を自分に対し抱くようになります。つまり、なんでも思いどおりになるという全能感です。それがふつうになると、思いどおりにならなくなったとき、逆に過剰なまでの無能感にさいなまれることになります。それでは子どもがかわいそうです。

あなた自身が丁寧な言葉で話しかけてみたら

そこで、あなた自身が保護者の方を「お母さん」と呼ぶのをやめ、生徒にも成人に語りかけるように丁寧な言葉で話しかけてみたらいかがですか。もちろん「ちゃん」づけではなく「さん」と名前で呼んで。

かつて私も大学でそうしました。「先生」も「くん」「ちゃん」もやめて、みな「さん」づけで呼びあうだけで、教室の空気が一変しました。さらーっと気持ちよくなりました。

弟が社長の会社　残るべきか

五十代後半の会社員女性。会社を辞めるべきか、残るべきか、迷っています。

社長だった伯父から「後を継いでほしい」と請われ、十年前に入社しましたが、三年前に伯父が亡くなると、継いだのは私の弟でした。そのうえ、弟から「しかたがないから雇ってやっている」「だれのおかげで、会社にいられると思っているのか」などと言われたのです。

見返してやろうと、二年間かけて社会保険労務士の資格を取りました。しかし退職届を出そうとしたら、「仕事なんて見つかるものか」と、親戚や友人に大反対されました。

事務や経理の仕事にはやりがいを感じています。このまま我慢すれば、生活は安定しますが、弟の言葉は絶対に許せません。収入が半減しても資格をいかすべきか、何ごともなかったように会社で振る舞っていくべきか。助言をお願いします。


（埼玉・T子）

もし弟さんの物言いが、お書きのとおりだとしたら、たしかにひどい。会社にとってあなたはいてもいなくてもいい存在だという以上に、あなたの存在が会社の重荷になっているというのですから。長年コツコツ仕事をやってきたのに、悔しいですね。

けれどもその後のあなたがとった行動には、やや首をかしげます。弟さんを見返すためにどうして社会保険労務士の資格を取ろうとしたのですか？　そして取ってすぐになぜ退職届を出そうとしたのですか？

もっと根本的な疑問もあります。あなたは資格をいかして転職するか、このまま辛抱して勤めつづけるか、迷っておられます。その迷いのなかに、会社や社員さんたちの将来を憂える気持ちが見つかりません。

「会社の後を継いでほしい」という伯父さんの言葉は、会社をあなたに任せるということでしょう。会社で働いている人たちの生活を守っていく、その大きな仕事をあなたに託されようとしたのです。

その思いをあなたはしかと受けとめましたか？　弟さんが社長であろうと、あなたもやはり経営者側の人間です。自分にその気概や責任感があったかどうか、まずはそれを質《ただ》してください。

会社や社員さんたちの将来を憂える気持ち

人に迷惑かけず生きられるか

五十代の主婦。三人の子どもは結婚して独立しています。なぜ人は自分の死を早めてはいけないのか教えてください。

看護師として働いていましたが、ストレスで体調を崩して退職しました。死のうと思いましたが、夫と娘に遮られて断念し、一年は生きると約束しています。

でも、人は生きる権利はあるのに、なぜ死ぬ権利が認められないのかがわかりません。家族がつらい思いをするというのは理解できます。でも、時を隔てればかならずその思いは和らぎ、自分たちの人生を歩んでいってくれると信じています。

他人に迷惑をかけずに生きられる保証があるなら別ですが、いまの幸せな状態のまま死にたい。この先迷惑をかけることになるのは絶対嫌です。もう十分頑張ったし、十分幸せに生きることもできました。体調が悪いなかで、仕事を続けるのも大変です。もうこの年になってつらい思いをすることもないと思います。

家族や友人さえ納得してくれれば問題ないのでしょうか。私の思いがなぜ認められないのか教えてください。

（大阪・C子）

「この年になってつらい思いをすることもない」「幸せなうちに死にたい」というのですね。私も六十代半ばにさしかかっているのに、いまだ、自分がいなくなるより、どんなに苦しくてもいることのほうが大事だと、心の底から言える根拠をもてないでいます。

あなたの問いは特別な問いではなくて、じつは介護を必要とする多くの高齢者の方も心のどこかでかならず抱え込んでしまう問いです。迷惑をかけるばかりで何もしてあげられない自分、こんな自分でもまだここにいていいのだろうか、さっと死んでしまったほうが家族も楽になれるのでは、という思いです。

あなたは死にたい自分ではなくて、死なれるほうの思いを十分に考えましたか。あなたは家族の思いも「時を隔てればかならず和らぎ……」と書かれていますが、死なれたほうは、思いとどまらせることのできなかった自分への責めと、自分はほんとうのところであてにされていなかったという悲しみとのあいだで引き裂かれ、穏やかな日など訪れようもありません。その「迷惑」に比べれば、日々の迷惑など物の数ではありません。

死なれるほうの思いを十分に考えましたか

貧相と言われ落ち込む

六十代の主婦。面と向かって貧相だと言われ、いやな気分が尾を引いています。

先日、親戚の法事に出かけたときのことです。一年ぶりに会った女性ふたりから「随分変わったね」「痩せたね。貧相だね」と言われました。一年たてば変化はあるでしょうが、それほどとは思っていません。

言い返せば法事の雰囲気が悪くなると思い、その場は笑ってやり過ごしました。しかし、疲れがどっと出て気分は最悪でした。人生を前向きに歩んでいこうという矢先の出来事だったので落胆するばかりです。

女性の顔を評価するのはタブーだと思います。心ない言葉が相手の気分を悪くさせるとは考えない、貧相な心の持ち主だったのかと思うとがっかりです。

ハイキングなどで気分転換を図っていますが、スッキリしない毎日を送っています。私はあのとき、一喝すればよかったのでしょうか。

（神奈川・N子）

理はあなたのお考えにありますが、勝負には負けています。というのも、相手の無神経な発言に、「気分は最悪」、「疲れ」がどっと出たのですから。気分がよくないとそれが顔に出てしまいます。

顔とは、顔つき、つまりは「表」に現れる「情」のことです。だから気分の悪さがきっとおもて（面）に出たはずです。

それこそ「貧相」です。相手の考えが「貧相」だというあなたの表情にも、きっと「貧相」が出ていたのではないですか。それなら結果として相手の思うつぼです。

せっかく笑ってやり過ごしたのですから、そのまま悠然と構えておられればよかったのに。相手の「貧相」な考え方につきあうことはありません。

不平や不満はだれにもあります。苦しみや悲しみにあえいでいる人も多くいます。そういう境遇は顔に、たとえば眉間に、余分な皺《しわ》を刻みます。悲しい心が皺をつくるのです。

そういう身の不運を乗り越えて、淡々と「足るを知る」人となりえてこそ、ひとは他人に優しくなり、また顔つきも穏やかになる。そのとき、人はもっとも美しくなるのだと思います。

悲しい心が皺をつくるのです

元自治会長から差別発言

六十代の農業男性。左目の視力を失いました。近所の人に差別的な発言をされ、憤りを感じています。

右目も視野が半分になり、車の運転もできずに不自由な毎日を送っています。ただ、これまで元気だったために、地元の人には障害のことを理解してもらえず、地域の催しなどにはできるだけ参加しています。

先日、グラウンドゴルフの大会で、メンバーの一人に「片目でうまいこと打つな」「片目のほうがいいのと違うか」などと言われ、やる気をなくしました。その人は、自治会の会長などさまざまな役員を経験していますが、平気で差別発言や人を傷つける発言をします。

何か言わなければと思いましたが、自分のこととなると言いにくく、悔しさだけが残りました。まわりの人も「言い過ぎ」と感じていたようですが、言い返されるとうるさいから、聞き流していました。

大きな顔をして、反省の色もなく生活していることに、怒りを覚えます。こういう人にはどう対応すればいいのでしょうか。

（滋賀・N男）

ときどきいますね、こういう人。自分の言葉が他人をどれほど傷つけているか、思ってもみない人。集団を自分が仕切っているのだと思い込んでいる人。

それだけではありません。人をこんなふうにあからさまに貶《おとし》めはしなくても、表情でふふふと目くばせする人もいますね。

けれども、この元自治会長さんのように、みんなより優位にあるということでしか自己確認ができない人というのは、じつはかなり弱い人、心細い人なのです。人との比較でしか自分を見つめられないのですから。

そういう人への対抗勢力として、まわりの心ある人たちと結束したら、向こうはますます意固地になるに決まっています。だから、知らんふり、よく言う「敬して遠ざける」というのが、いちばんの得策だと思います。みんなが自分を避けていると気づけば、ひどくこたえるはずでしょうから。

これは逃げではありません。人はだれを相手にしているか、だれのどんな言葉に心を打たれるかというところで、その「品格」を問われるのですから。

知らんふりがいちばんの得策だと思います

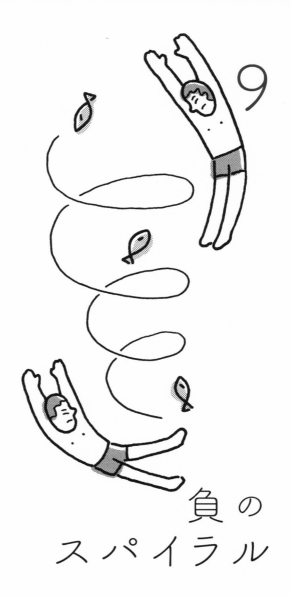

9

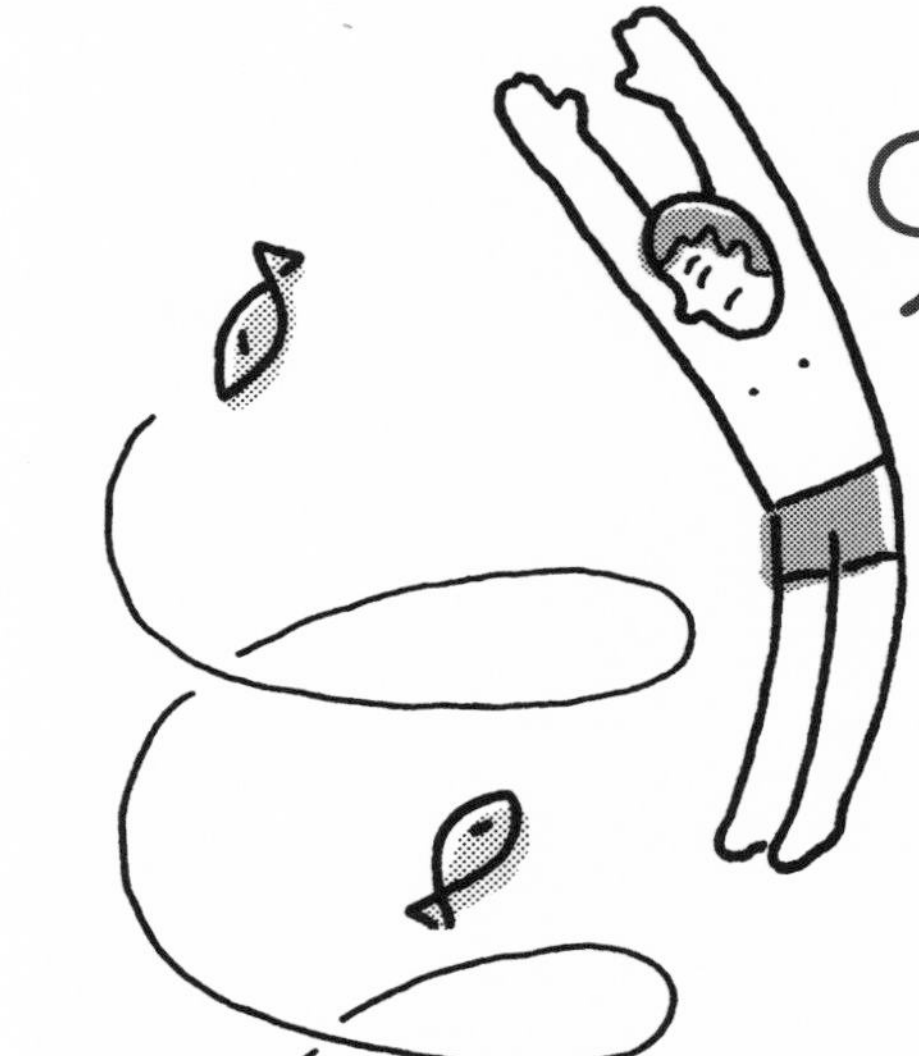

負のスパイラル

あなたには一緒に暮らすご家族があります。
共に働く同僚がいます。

あなたがいまのように
過去に受けた傷にこだわり続けていると、
その苦しみもだえる姿が、
ご家族に、ときには同僚に、
暗い影を落とすことにもなるということです。

そう、あなたご自身が
傷を与える側になるかもしれないのです。

暗い性格どうにかしたい

高校一年の男子。自分の暗い性格をどうにかしたくて悩んでいます。自分は、ネガティブ思考でコミュニケーションが苦手です。友だちとうまくしゃべることができません。

中学一年生のころは、いろんな友だちとしゃべって楽しかった思い出があります。いままでは、しゃべっても話題を膨らますことができず、沈黙が続くようになってしまいました。中学二年生のころ、体のことで色々からかわれた経験がトラウマになっているのかもしれません。ちょっとした冗談でも、本気で受けとめてしまうようになり、あまり友だちが近づいてきてくれなくなりました。そして、「自分は嫌われている」と思い込み、性格も暗くなった気がします。

ほんとうはもっと友だちとしゃべったり騒いだりしたいのに、こんな状態になってしまい、どうしたらいいかわかりません。何かよい方法があれば教えてください。

（埼玉・F男）

体のことで、つまり自分の責任でないことで、いじめられるのは、理不尽なことです。本人がいちばん気に病んでいることをからかわれるのは、悲しいことです。さぞかしつらかっただろうと察します。

そのうえであえて申し上げたいことがあります。それも相反する二つのことです。

一つは、「ネガティブ思考」とか「トラウマ」とかいった定型句で自分を解釈しないことです。定型句で語っているうちは、みなと同じ枠組みを共有しているわけですから、状況は変わりません。そこからの出口もきっと見つかりません。だから、まずは自分の孤立に自分の言葉で向きあうことです。苦しい作業ですが、まずは自分の根拠地をもつことが必要です。

いま一つは、反対に、はやく「自分」に飽きてしまうことです。自分を開くために、自分とはあきらかに違う生き方に貪欲に関心をもつことです。魅せられてでも、反発するからでもいい。自分のことはさておいて、その人たちの話をどんどん聞くことです。

いずれもたやすいことではないですが、風穴を開けるためにはそのあたりから始めるしかありません。

自分の孤立に自分の言葉で向きあう

受験も進級も失敗　将来不安

女子高校生。自分の将来に不安を感じています。

私は中学受験に失敗し、高校受験でも希望校を落ちました。そのため、併願していた私立高校に通っています。

先日、担任から電話がありました。成績が良くないため、下のコースに移るようにという内容でした。二年間、上のコースでがんばってきたのに、三年生では下のコースに移るということになり、私よりもむしろ親がショックを受けてしまっています。

私はこのまま、落ちつづける人生を送り、親を失望させつづけてしまうかもしれません。そう考えると、申し訳ない気持ちになり、不安でいっぱいです。

大学受験もどうせ落ちると思ってしまいます。やる気が出ず、何も手につかない状況が続いています。どうしたら、というか、どう変えたら、この負のループを抜け出せるでしょうか。アドバイスをいただきたいです。

（神奈川・D子）

浮いたり沈んだり、軽快になったり鈍重になったりと、私たちのいのちにはリズムがあります。

そんな流れに抗《あらが》うのはなかなか難しい。でも、下降と反対の、上昇のループというのも、ただ運だけのような感じがして、うれしいというより居心地悪いものです。そして気がつかないまま傲慢《ごうまん》に、隙だらけになりもする。落ちるだけが怖いわけではありません。

それよりも、そういうリズムにのみ込まれること自体が、もっと怖いです。

あなたの目にはいま、一つのリズムしか映っていない。でも、受験以外に交友とか将来の希望とか、別の気がかりもあるはずです。

自分を一つの軸で評価してはなりません。異なる複数の軸をもつことです。すると、浮いたり沈んだり、自分の中にいろんな動きのあることが見えてくる。そのやりくり、そのマネジメントこそ人生なのです。

長い人生、何が幸福で何が不幸かは、あとになってみないとわかりません。学校での成績も、人生のワン・オブ・ゼム（たくさんの中の一つ）として少し距離を置いて見る、そういう目を養うことが大切です。

自分を一つの軸で評価してはなりません

就活がうまくいかない

大学四年の男性。就職活動がうまくいきません。企業や役所など三十か所近くの採用試験を受けましたが、かならず面接で落とされます。

原因はわかっています。他人に好かれたいとは思わない性格、大学時代に友人をつくらず、アルバイトもサークル活動もしなかったため、明るいエピソードなど一つもないこと、これがやりたいのだという熱意がないこと――などです。採用する側はいっしょに働きたいと思える人を求めており、私が面接官だったら、私のような人物は採用しないだろうと思います。

しかし、私は、求められるような人間にはなれないし、なりたいとも思いません。友人がいないと駄目なのか、大学時代はハッピーに過ごさないといけないのか、働きたいという熱意がないと駄目なのか、と思ってしまうのです。

最近は、人生でおもしろいことは、もうないだろうと思っています。情けない男です。

（埼玉・N男）

あなたは組織で活動をするなかで、他人に気を使ったり、神経をすり減らしたりするくらいなら、一人でいるほうが心穏やかでいられると、ずっとそういうふうに生きてきたのですね。就職の面接試験でもその点を見抜かれて、こんな人とはいっしょに働きたくないと思われてか、落とされてばかり。そうだろうなと思いつつ、でもあなたは同時に、人はかならずハッピーでなければならないのか、友人がいないとダメなのか、働くには熱意がないといけないのかと、ある意味、根本的な問いを抱え込んでおられる。これはだれしも問いたいのに、正面切って問うのを避けている大事な問いです。

もう会社や役所といった組織への就職活動は中止して、その大事な問いを抱えたままできる仕事を探してみたらどうですか。

一人でもできる仕事、あるいは他人に合わすことをさほど求められないような仕事です。たとえば職人の仕事や農業とか、家にいてもできる校正などの業務とか。ひょっとしたら動物の世話をするような仕事も合うかもしれません。

そういう視点から職業案内の本をもういちどのぞいてみたらどうでしょう。

大事な問いを抱えたままできる仕事を

両親がいる家を出たい

二十代の会社員女性。両親がいる家を出たいです。

いっしょに暮らしていた大好きな祖母が昨年他界したときはほんとうにつらく、自殺未遂をするほどでした。そのときに支えてくれた両親には感謝しています。

ただ、優しくて一見模範的な両親ですが、私が迷ったり悩んだりするのが気に入らないようです。

私がつらくて塞《ふさ》いでいても、仕事で疲れていても、「みんな疲れているから」と家事をさせ、話を聞こうとしないときがあります。それに、私の至らない点をからかったりします。

私は学歴もそう高くないし、いまの職場にも来年はいられないかもしれません。そんなやつが何を言っても無駄なんでしょうか。

どこか遠い地方で一人暮らしをするか、お見合い結婚して旦那さんとふたりで暮らしたいです。両親が大切だからこそ、このままいっしょにいるのがつらい。だれにも邪魔されず人生を考えたいです。

（東京・W子）

あなたをじっくり見つめようとせず、あなたの言葉にも取り合わずに突き放すばかりの両親。将来に何の展望ももてない職場での毎日。そういう塞ぎが、おばあさんのいないこの家から出たいという思いとなって表れているようですね。

「そうだよね」と、いまの自分がこのままでまずは肯定されることをあなたは願っている。だからよけい、亡くなったおばあさんへの思いがつのるのでしょう。

祖母というのは、孫に対して責任のない立場でいられる。だからあなたがどんな状態にいても、叱責もせずにそのまま鷹揚《おうよう》に認めてくれる。だからいい思い出しか残っていない。

両親の家を出て、いずれお見合いをして結婚して……とあなたは言います。けれどそれも、自分を肯定してくれる人を勝手にイメージしてのことですよね。それではまたきっと同じ問題に突き当たります。

他人のあいだでもみくちゃになるなかで人生の芯を鍛える

人は他人のあいだでもみくちゃになるなかで人生の芯となるものを鍛えてゆきます。が、あなたはそれを避け、いまの自分をそのまま肯定してくれる人を求めてばかりいる。他人に認めてほしいと思うより、自分が納得できる生き方を考えることのほうが先ではないですか？

ラーメン店　心遣い断りたい

三十代の働く男性。私には十数年通いつづけているお気に入りのラーメン店があり、その店に関する相談です。

一年ほど前、仕事に疲れた私がいつものラーメンを食べていると、店のおやじさんが「これ、食べな」とギョーザを出してくれました。おやじさんの優しい気持ちに涙があふれ、そのときはほんとうにうれしかったのです。

以来、私が注文するたびにおやじさんがギョーザをサービスしてくれるようになりました。何度かに一度ならお礼を言っていただくことができますが、毎度だと恐縮します。だれにでもというわけではなく、私にだけ焼いているようです。

六〇〇円のラーメンに四〇〇円のギョーザはあきらかにサービスしすぎです。お客がだれも注文しないのにギョーザを焼く姿をカウンター越しに見るのも申し訳ないのです。好意で焼いてくれたものを「いらない」と断ることもできません。

大好きな店なのに足が遠のきがちです。おやじさんの気持ちを害さず、うまく断ることはできませんか。

（滋賀・N男）

足が遠のくなんてもったいない。ギョーザそのものより「これ、食べな」の言葉にふとこぼしたあなたの涙が、主人への贈り物になったのでしょう。

私も大学時代、生協の食堂でラーメンを食べるとき、私のことをなぜか覚えてくださっていた厨房《ちゅうぼう》の方が、チャーシューをいつも一枚、余分に入れてくれました。すいているときにかぎりましたが。うれしいような申し訳ないような、そんな心持ちを目で返しました。こういう思い出はなぜかずっとあとまで覚えているものですね。

急いでいるからお釣りはいいと千円札を置いていくのはどうでしょう。ちょうど二品合わせた値段です。たまに、でいいです。他の客の食器の片づけをさりげなくやるというのもありです。厨房に入って皿洗いをするところまではやらなくていいと思います。

いちばんのお勧めは、おごってもらった分、別のかたちで別の人におごること。私はある国際賞の選考委員を務めていますが、巨額の賞金をもらった受賞者の何割かは、別の団体に寄付されるそうです。そう、金品であれ気持ちであれ、ボールのようにパスし、「心」を回してゆくのです。

ボールのようにパスし、「心」を回してゆくのです

四十代男性　自営業続けるべきか

四十代の男性。自営業をこのまま続けていいものか迷っています。

向いていないのか、この十三年で黒字だった年のほうが少なく、妻の貯金や親に頼って、全部で五〇〇万円は借りました。休みの日にはアルバイトもしています。

甘かった過去を反省し、自分を高めようと、できることから努力は積み重ねてきました。経営の勉強をしたり、実績のある方にアドバイスをもらったり、人と交流するためにいろいろな場に参加したりしています。少しは成長している自覚はありますが、いまだ実を結んでいません。

仕事は好きで情熱もあります。計画中のアイデアもあります。しかし、このままでは、妻と子ども三人のこと、そして自分の老後にも不安が拭えません。

アルバイトでも何でもして、収入を安定させたほうがいいのでしょうか。

（大阪・R男）

自営業とのことですが、どんなお仕事なのかわからないままに書きます。奥さんや実家にこんなに金銭の支援を受けながら、「自」営業とためらいなくおっしゃるところに、まずひっかかってしまいました。

あなたのしたいことをなんとか応援してやろうという家族の思いやりに、あなたの事業は支えられてきた。そういう支えは結局、家族止まりです。家族外の多くの人に「一枚かんでみるか」という気にさせないと事業は成り立ちません。買ってくれる人、支援してくれる人がいての商売です。

あなたは「情熱」があるし「アイデア」もあると言います。けれどもまだ「信」に欠けるところがありそうです。「したい」だけでなく「しなければならない」という「信」がそこにあれば、他の人を巻き込むこともできるはずです。

あなたはこれまで自分を断崖にまで追いつめたことがありますか。お子さん三人を育てるのは並大抵のことでない。いまからでも遅くない。「ここまでやってできなかったら潔くやめる」というルールを自ら決めて動いてください。アルバイトを増やすよりそれが先だと思います。その覚悟に「信」を見たら、いっしょにやろうと言う人も出てくるのではないでしょうか。

「しなければならない」という「信」がそこにあれば

どう考えて生きていくか

四十代男性会社員。今後の生き方を相談します。

昔から物事を良いほうに考えて楽天的になっていると、足をすくわれたように転ぶことがありました。逆に憂えていると良い方向に向かうことも多いのです。

世間では「明るくすれば幸福を呼び、暗くしていると不幸を呼ぶ」とされているようです。ですので、何か自分に心配事があるときに「心配していても意外にいい方向に転ぶ」と思いつつも、「悪いほうに考えているとほんとうにそうなる」とも思え、はたして何が正しいのかわからなくなり、前向きになれません。

前向きになれないといえば、子どものころからいつも貧乏くじを引き、「どうせ俺の人生なんてこんなものさ」と、卑屈になって生きてきました。死ぬ勇気もないのに自殺を考えたことも数えきれません。

人生はうまくいかないことが多いのはあたりまえです。なるようにしかならないわけですから、じつに馬鹿馬鹿《ばかばか》しい悩みですが、どう考えればいいのでしょうか。

（東京・E男）

楽天的でいると転んでしまうし、悲観していると意外やいい方向に裏返る。人生、どん底と思っていても存外なんとかなるものだし、逆に、じたばたしたってなるようにしかならない……。あなたはある意味、達観の域に入っておられます。他人の言に迷わされず、この達観を貫かれたらいいと思います。

でもときどき、その達観が揺らぐ。が、それも「じつに馬鹿馬鹿しい悩み」だと、ここでも達観しておられる。大したものです。

「馬鹿馬鹿しい悩み」を遠ざける、馬鹿馬鹿しくもありながら、なかなかに効果的な方法があります。

ウィリアム・ジェイムズという米国の哲学者がかつて勧めた方法ですが、落ち込んだり塞いだりしているときは、胸を張り、顔を上げ、体を開く。そう、調子のよいときの姿勢をとるのです。逆に、何ごとも絶好調なときは、往々にして他人に不愉快な思いをさせるもの。だから、失敗続きでへこんでいるときのように、うつむき、肩を落とし、うなだれた姿勢をとるのです。

これは意外に効きますから、いちど試してみてください。

胸を張り、顔を上げ、体を開く

優柔不断　決めてもすぐ後悔

会社に勤めている五十代の独身女性。幼いころから物事をなかなか決められません。ようやく決めても、そのあとでかならずその選択を後悔してしまいます。近年、ますますそんな傾向がひどくなってきて悩んでいます。

レストランでのメニュー選びや、洋服の買い物、旅の行き先に、マンション購入……。ささいなことから、大きなことまで、人の意見を聞いて、自分でもよく考えて決めたつもりでも、そのあとにすぐ後悔します。

「この選択は間違っていた。あちらにすれば良かった」ともんもんとします。異常なまでの後悔ぶりです。

このごろでは、自分の選択に確信がもてず、どうせまた気が変わるだろうと思う始末です。自分ばかりか他人まで巻き込んでしまい、ほんとうに迷惑な話です。

もう何十年もこの性格で、すぐに治るとは思いませんが、今後どのようにしてこのどうしようもない性格とつきあっていけば良いのでしょうか。

（京都・T子）

選択が間違っていたと後悔するのは、もちろんもっと別の選択もありえたと思うからですね。ところが、あなたはどんな選択をしてもかならず後悔してしまう。つまり、後悔しなかったことはなかったのですね。ということは、後悔しないという別の選択はあなたにはないということです。

後悔する以外に選択がないとすれば、どうするか？

たぶん道は一つです。後悔するのがいやなら、選択するのをやめることです。選択するから後悔する。ならば選択しなければいいのです。何でも他人に選択してもらうのです。

マンション購入は無理としても、「こんど〇〇へ食事に行かない？」と誘われ、「この服、とても似合うよ」と薦められたら、黙ってその誘いや助言に従うことです。結果としてミスだったにしても、被害はさほど大きくないでしょう。それよりも、自分をごそっと変えるきっかけになるやもしれません。

他人に委ねるというのは不安かもしれませんが、判断を委ねられたとき、人は意気に感じて自分のこと以上に真剣に考えてくれるものです。道が開けるとすればきっとそこからでしょう。

何でも他人に選択してもらう

10

二枚腰のすすめ

私は、東京とは違う場所で、
違う感覚をもって生きてこられたことを
幸運に思っています。

東京発のメディアの情報にいつも違和感を持ち、
それにすぐに流されない眼《め》で
時代を見聞きすることが
ちょっとはできてきたのですから。

いまも迷ったり悔いたりしてばかり

私は「いない」より「いる」ほうがほんとうによかったのか？　私という存在は「ない」より「ある」ほうがよかったと、ほんとうに言い切れるか？

六十歳を超えてまだこの問いにきちんと答えられず、いまも迷ったり悔いたりしてばかりの私に人生相談に乗るなどということがはたしてできるのか、いわば人生の重大な岐路に立っている人たちに、進むべきはこっちですよなどと助言できるのか、というのが、二〇一二年の秋に読売新聞社から「人生案内」のコーナーを担当しないかとのお誘いを受けたとき、いちばんに思ったことでした。

そんな迷いもありながらお引き受けすることにしたのは、次のような理由からです。

人がその生涯においてくりかえし直面する問題には二種類ある。一つは、とりあえずなんらかのかたちで解決しなければならない問題です。離婚の手続きや隣近所とのトラブルの調停、失職したときの生活の算段や遺産相続をめぐる確執などなどです。ここではかならずなんらかの答えが必要となります。解決策です。

もう一つは、そもそも答えがない問題です。たぶん確かな答えは最後まで出ないだろうけれどれでも人としてどうしても問わずにいられない問いです。生きること、働くことの意味、病、被災、家族の死をめぐる悲嘆や苦しみ、さらに子育てや介護にあたっての迷いなどには、そういった問いがいやでもつきまといます。冒頭に掲げた〈私〉が存在することの意味などというのは、その最たるものでしょう。

この二種類の問い、前者を〈問題〉と、後者を〈課題〉ととりあえず名づけるなら、後者の〈課題〉では、ついに答えが出ないであろう問いにしかと向きあい、取り組むこと、それじたいに問いの意味の大半があるといえます。

解決はおそらくないだろうけれど、でもそこから下りるわけにはいかない、取り組みつづけるほかない、そういう〈課題〉については、その取り組みのありようこそが問われるということです。それは「私」という存在について、「私とは何者か?」という問いに答えはなくとも、「どのように生きるか?」と問いつづけるほかないというのとおなじです(この〈問題〉と〈課題〉の違いについては、ちょうど「人生案内」執筆のお誘いを受けたころに上梓した『大事なものは見えにくい』(角川ソフィア文庫)の巻頭によりくわしく書いていますので、あわせてお読みいただければさいわいです)。

〈課題〉と格闘してきた哲学

そこで、先の人生相談の仕事です。

相談事がもしここでいう〈問題〉であるなら、まずは専門家、たとえば医師や看護師、弁護士、社会福祉士、カウンセラーといった人たちにアドバイスを求めるのがいちばんです。私は関連する法律や制度についてそれほどくわしくはありません。

でも〈課題〉だったらどうか。正解はたぶんないけれど、よりよい取り組み、より納得のゆく取り組みを求めるという〈課題〉であるなら、私にも、わずかなりとも助言はできるのではないかと思いました。

答えがないところでできるのは、苦境の受けとめ方、問いの立て方に何か問題がないか、あらためて自分で検証してみるということです。ふんづまり、出口なしと思い込んでいた問題も、ちょっと別の光を当ててみるだけで、問題としては解消してしまう、あるいはそこから脱出する別の道が見えてくるということがあります。そのためのお手伝いならできるかなと思ったのです。

私は若いころから「哲学」を勉強してきました。哲学者といわれるような人はたいてい、私たちのいう〈課題〉と格闘してきました。社会や家族や「私」をめぐるさまざまな〈課題〉について、こんなふうに考えたらこうなる、こういう前提からはこういう結論しか出てこない、といったことを事細かに吟味してきました。問題の立て方、そして考え方の道筋を、いろんなタイプに分けて検証してきたのが「哲学」です。

だからそれを学んできた者として、出番があるかもしれない。それは問いとして正しいか？そこにはなんらかの思い込みが先にあるのではないか？問いはもっと別なふうに立てられるのでないか？そういうことなら悩みを抱え込んでいる人たちとともに考えられるのではないかと思ったのです。ちょっと考え方を変えてみませんか、というわけです。

〈負のスパイラル〉

次は、相談をもちかける側の思いです。

身近な人ではなく、新聞に個人的な相談事をもちかけるというのは、いまの状況がいわば「出口なし」、もう自分ではいかんともしがたいと思いつめているからですね。とはいえ、心を開いて相談する人も近くにいない。というか、身近な人はある意味当事者の一人でもあるから、思わぬリアクションが怖かったり、あるいは面倒だったりして、とてもほんとうのところを口にできないからでしょう。

人には、思いどおりにならないこと、ままならないことがいっぱいあります。容姿のこと、家族環境のこと、友だちや同僚とのつきあい、そしてなにより生計のやりくり。いってみれば「陥没している」という思いをどうしても消せないことが。

そういうことで気持ちが疼《うず》きだすと、暮らしのあらゆる局面にそれは波及してゆきます。たった一つの気がかり、あるいは塞ぎも、たんなる一つの凹みや欠損ですまないことは、だれもが身をもって経験していることです。

そのうち、それらの凹みや欠損がたがいに影響しあって、あがけばあがくほどすべてが悪いほうへ、悪いほうへと向かいだします。〈負のスパイラル〉に入ってゆくのです。陥没、出口なし、行き場なし、袋小路、底なし沼……。どん底ですね。

どうしようもないからどん底なのですが、それでもなんとかしなければ倒れ、へたばってしまって、二度と起き上がれなくなってしまう。

そんなとき、いったいどうしたらいいのでしょうか。ぺしゃんこになったゴムボールはどうしたらもういちど膨らみを、そしてはずみを取り戻すのでしょうか。

アングルを退く

どん底にまで凹んだとき、ふんづまりになったとき、それを打開するには視点を変えるほかありません。自分からちょっと距離を置いて、あらためてこれまでとは違う眼で、自分がはまり込んでいる状況を見るということです。

そのためにできる最初のこと。それは、ちょっとでいいから、アングルを手前に退くということです。

たとえば目の前に必死で走っている人がいるとする。見ればだれしもすぐに、彼が何かに向かって疾走していると思う。あるいは、だれかを必死で追いかけているかのように見える。でも、じつは正反対で、何かに追われ、必死で逃げているところかもしれない。めざすものが前方にあるというのではなく、じつはある場所からとにかく逃げだそうとしているのかもしれないのです。

そういうふうに見えてくれば、私たちをよく苦しめる、「ほんとうの私」を探さないといけないという《自分探し》の強迫からも少しは解放されるはずです。懸命に自分らしくなろうとしている人は、じつは「自分らしさ」という観念に縛られ、それに追い回されてきたともいえるからです。そしてさらに一歩踏み出し、「自分らしさ」という幻想から身を外して、むしろ「自分らしくなくなること」のほうへ身をずらしたほうがいいとも思えたら、しめたものです。視点を手前に退く、そんな余裕なんかないと言われるかもしれません。けれどもほんのちょっとアングルを退くだけで、自分がはまり込んでいる局面はこのように、これまでとは違ったふうに見えてくるのです。

身近な人の言葉にも、それにすぐ言葉を投げ返すよりも、野球のキャッチャーのようにまずはその言葉の感触を確かめる余裕も出てきます。たとえば連れ合いがふと「久しぶりに旅行にでも行きたい」と漏らしたときにも、「いつ行く？　どこがいい？」と返す前に、ここにいるのがしんどいんだ、そろそろ限界になってきているんだと、いつもよりは少し向こうにまで思いをはせることができそうです。

何をやってもうまくいかないとき、気分がマイナスへ、マイナスへと落ち込んでゆくとき、どっちを向いても扉が塞がっているときに、どうしたら局面を変えられるか。そう、反撃とまではいかなくても、せめてマイナスをゼロにまで戻す算段を次に見つけなければなりません。

「いっそ」と「せめて」のあわい

日本思想史を長く研究してきた竹内整一さんは、『ありてなければ』（角川ソフィア文庫）という本のなかで、人が追いつめられてにっちもさっちもいかなくなったときにとる手について、こんなふうに言っています。

「どうせ」という認識を受けて、「いっそ」といくか、あるいは「せめて」とでるか

「いっそ」というのは、どうせいつか死ぬなら、だめになるなら、散ってしまうなら、いっそのことこっちから先に望んでそうしてやるという居直りです。「せめて」というのは、何もかもあきらめないといけないにしても、最後の最後、せめてこれだけは、あるいはいまだけはと、一条の光にすがり、祈り、懇願する思いです。居直るかすがるか。ひとはいつもそのあわいで揺れ動いているようです。

これがまだどん底でないのは、いよいよ切羽詰まったにしても、それでもわずかながらも残された最後の可能性に賭けているから、可能性のすべてを見限っているわけではないから、

です。

《二枚腰》の構え

それに対して、どん底というのは、もはや賭ける可能性がどこにもない状態です。出口がどこにもないという、最終的な破綻です。

そんな状態に追いつめられないために、あるいはそんな状態に追いつめられたときに、いったい何ができるでしょう。

それを私は《二枚腰》の構えだと思っています。先ほどはアングルを退くという言い方をしましたが、それをもっと突っ込んでいうと二枚腰、二段構えということになります。

二枚舌ではありません。二枚腰です。二枚舌というのは、いっときに、そして別々の人に、違うこと、矛盾することを言うことです。そうしてなんとか逃げ切ろうとすることです。これに対して二枚腰というのは、一つ堰《せき》が崩れても、背後にもう一つ堰があり、すぐには全面崩壊しない、そんな二段構えのことです。ひとたまりもない状況をあらかじめ回避するための算段です。

二枚腰というときの二枚というのはいったいどういうことか。正反対の二つのことが一つところにあるということです。一つのものを見たら、それとは反対のものが裏に透けて見えるということです。

修行僧と舞妓さん

私が小学校低学年だったころの話をしましょう。

私は、いろんな宗派のお寺があり、箱や仏具などの製造所があり、小さなお店がぎっしり並ぶ商店街からも、また古くからの花街である島原からもほど近い、京都の典型的な下町で生まれ育ちました。放課後、お寺の壁に向かって一人キャッチボールをしているうち、仲間がだんだん集まってきて、こんどは道端で野球を始め、疲れたら西本願寺の境内のお手水《ちょうず》で体についた汗と土を流し、そのあと島原近くの平安高校の野球部の練習を見に行き、暗くなったら家路につくというような時間の過ごし方をしていました。

お寺と花街、つまり聖と俗の極まったそういう地域をうろついていたのですから、当然、普通じゃないいでたち、異形の姿も見なれたものでした。一方は、丸刈りの頭に貧相な着物、そして夏も冬も草鞋履きの修行僧たち。もう一方には、この世でもっとも鮮やかな色に身を包み、豪奢《ごうしゃ》なかんざしを差した舞妓さんたち。貧相の極みと豪奢の極みを映す二様の人びとの姿に、毎日、あたりまえのように接していたのでした。

ある日、銭湯帰りらしく化粧も落とした一人の舞妓さんが小さなお宮さんで願をかけておられる姿に出くわしました。ふだんあんな艶やかな身なりをしている人にもこんな時間があるのかとびっくりしました。

家に帰って祖母にその話をすると、祖母は、きっと遠く離れた故郷を思って願い事をしているのだと教えてくれました。早く郷里に帰れますようにと祈っているのかもしれないとも。ついでに、人は見た目ではない。ひどく粗末な身なりをしている修行僧さんたち、この世のいちばん低い場所に身を置く人たちも、じつは私たち凡人が知らない幸福を知っておられるのだとも話してくれました。

艶やかな衣裳の下に深い悲しみを湛《たた》えている、質素な身なりでも浄福を知っている。文字どおりではありませんが、そのようなことをわかりやすく教えてくれました。

ずいぶん昔のことなのでひょっとしたらきれいにまとめすぎているかもしれませんが、なんか大人の世界にはようわからんものがあるんやなあといった思いを幼い私に残したことはたしかです。幸福と不幸、華麗と質素がくるくる反転するさま、貧しさが浄土に裏返ること、華麗が深い悲しみという裏地をもっていること、そういう反転を子どもごころに感じていたように思います。

パスカルの二枚腰

一つのことが見えると、それ越しに反対のことが透けて見える。そう、世界はたいてい二重になっているということ。ものごとにはかならずそれとは反対の面が含まれている、そして一つのことを始めるとやがてそこからそれを裏切るような逆の動きが出てくる……。

私が長じて、哲学の書き物にしばしば見いだされる逆説的な思考に惹かれるようになったのも、さらにそこで《二重性》や《両義性》という概念に引き込まれていったのも、幼いころのこうした朧《おぼろ》げな記憶があったからかもしれません。そして大学に入ってブレーズ・パスカルという十七世紀フランスの思想家の『パンセ』(前田陽一・由木康訳、中公文庫)という書物に出会ったときは、おばあちゃんの言うてたことに近いなあと、あらためて驚いたのでした。

もちろんパスカルの言い回しは祖母のそれとは比較にならないくらいに洗練され、ひねりもきいていて、なにか深い谷底をのぞき込んだような気分になりました。たとえば——

人間は、天使でも、獣でもない。そして、不幸なことには、天使のまねをしようとおもうと、獣になってしまう。

わずかのことがわれわれを悲しませるので、わずかのことがわれわれを慰める。

人間の弱さは、それを知っている人たちよりは、それを知らない人たちにおいて、ずっとよく現れている。

二つの行き過ぎ。理性を排除すること、理性しか認めないこと。

そしてついにはこんな激しい言葉も。

彼が自分をほめ上げたら、私は彼を卑しめる。彼が自分を卑しめたら、私は彼をほめ上げる。そして、いつまでも彼に反対する。彼がわかるようになるまでは、彼が不可解な怪物であるということを。

人間のなかにあってついに解消も廃棄もできない矛盾や対立。人間のそのような不均衡やちぐはぐをえぐり出すそう長くない文章が、これでもか、これでもかというくらいに続きます。すかっと割り切れるような人生はないと断言しているかのようです。

奥座敷を設えておく

そこで先の《二枚腰》です。

対立する二つのものに引き裂かれているというのが、二枚腰というのではありません。人は対立する二つのものにつねに引き裂かれているということをきちんと認識するということが、私の言いたい二枚腰なのです。

たとえば自分がだれからも期待されないのはつらいことですが、逆に、親から、あるいは他人から期待されすぎるのも、それに劣らず苦しいことです。だれからも相手にされず、まるで見捨てられたみたいな気分になるのは寂しいかぎりですが、人びとのあいだで気を遣い、もみくちゃにされてしまうのも疲れ、消耗してしまうものです。

また、何ごとにつけてきちんとこなすしっかり者は、助かるけれども融通がきかず遠ざけておきたい人でもあります。ある程度いいかげんなところのある人のほうがかえって周囲を楽にすることもあるからです。さらに、世話してもらうのはありがたいけれど、度が過ぎると鬱陶《うっとう》しいもの、「大きなお世話」になってしまいます。

寄り添う優しさもあれば、突き放す優しさもある。自分を大事にするのもいいが、自分に飽きるのもときには必要……というふうに、人間が、対立するもの、矛盾するもののあいだをたえず揺れ動いているのは、まちがいありません。

ここで大切なことは、そのような揺れ動きに翻弄されることではなくて、そのように翻弄されているのが自分だということに気づくことです。自分と自分が置かれた状況を俯瞰する眼、いってみればそういう奥座敷を、こころのなかに設《しつら》えておくということです。

ねばり強い腰をもつ

なぜか？　自分を苦しめているこのふんづまりから抜け出すこと、あるいはこのどん底から這い上がることは、このおなじ事態もこういう見方をすると違ったふうに見えてくる、というふうにならないと無理だからです。視点を変えることで、おなじ事態が違って見えてくる。事態はこうだと思い定めてきたけれど、自分には見えていなかったものがあった、そう、死角があったと気づく。そういう気づきがどうしても必要なのです。

もうこんなこと忘れようとか、ないことにしようとか、要は事態を直視することを避けるやり方は賢くありません。問題はほんのつかのま先送りされるだけだからです。それより、もうなんともならないと思いつめている事態が、自分がそう思っているのとは違うかもしれないということをこころに留めて、その探究に一歩踏み出すことです。パスカル流にいえば、何ごとも裏を返せば別の面があるということに気づくことです。

別の視点をもつということが大切なのは、あっちにぶれたりこっちにぶれたりしながらついに陥没して、もう「打つ手なし」のふんづまりに落ち込んでしまったという、そういう事態に距離が置けるようになるからです。

二枚腰というのは、まなざしにそういう奥行きを回復し、二段構えで事態を受けとめることができるということなのです。もはや「打つ手なし」の状況から身を剝がして、一歩下がったところからおなじ状況をとらえなおすということです。いってみれば土俵際で体をしならせて俵に踏みとどまり、そして状況を押し返してゆく、そんなねばり強い腰をもつということです。

押されても押されてももちこたえる、そういうためをつくって二枚腰、さらには三枚腰、四枚腰でいられるようになれば、それこそ盤石《ばんじゃく》です。

とことん「弱い」人

このことを頭でではなく感覚としてとらえていただくために、最後に、そういう何枚腰をもった一人のとことん「弱い」人を紹介しましょう。

二十年前、私が《弱さの力》というものについて集中的に考えていたときのことです。幼いころに脳性マヒを患い、そして長じて重度障害者のまま、東京都の特別支援学校で都立では初めての専任教員になった男性のその後を撮った映画を観る機会を得ました。彼の大学時代の友人である伊勢真一監督の「えんとこ」（一九九九年）というドキュメンタリー映画です。

遠藤さんは仮死状態で生まれ、脳性マヒとそれにともなう変形性頸椎症を患ったまま、五十年を生きてきた人です。子どものころから、たとえば字は足で書くというように、体の使えるところは全部使って生きてきた人です。そして特別支援学校の教員になったのですが、障害がさらに重くなって退職を余儀なくされました。

寝たきり状態になった遠藤さんは食事も排泄も移動も一人ではできない。そんな二十四時間要介護の身になった彼が決意したのは、あえて母親の許を離れ、見知らぬ若者たちの手を借りて一人暮らしを始めるというものでした。一人では何もできなくなっても、それでも教師を続けようとしたのです。

その場所「えんとこ」（「遠藤さんとこ」「縁のあるところ」という意味です）で遠藤さんの介助にあたるのは、募集に応じてくれた介護の知識も経験もない若者たちです。高校生もいれば失業者もいる。河原でテント住まいをするロッカーもいれば中国からの留学生もいる。だれかの手を借りねば生きていけない遠藤さんですが、その彼を世話するのもまたこの社会における自分の存在を泡《あぶく》のように感じている「弱い」人たちでした。

遠藤さんには一つの信念がありました。介護の場とは、資格やマニュアルにのっとったスペシャリストの作業ではなく、他者の傍らにあって「互いにそのいのちを生かしあう」場だということでした。

だから食事から排泄まで世話を受けながら、遠藤さんは同時に介助してくれる彼らの不安や悩みにひたすら耳を傾けるのでした。映画は、〈弱さ〉をまるごとさらして生きている遠藤さんの前で、それまでひたすら防御の姿勢をとるほかなかった「弱い」人たちが、コチコチになったその身構えをじわじわほどいてゆく様子を、ていねいに撮っていました。

三枚腰になる

「えんとこ」には介助スタッフの引き継ぎのための介助の記録とともに思うことを自由に書く日誌があるのですが、それを再録した本を読んでいるうち、はっとする文章を二つ見つけました。

たぶん同じことを友達に話しても、すごく軽くとられるようなことでも、遠藤さんなら一

生懸命聞いてくれるし、本気で答えてくれるし、それがうれしかったんだと思いますね、その時は

あなたが言語障害を持っててよかったと思う。一言一言を聞き漏らすまいと、耳を傾ける事が出来るから。あなたが生まれてきて良かった。

拙著『〈弱さ〉のちから』（講談社学術文庫）のなかでも書いたことですが、ここにうかがわれるのは、他人に身をそっくりまかせなければ生きていけない、その意味でかぎりなく「弱い人」が、その弱さ、脆さをさらす姿を間近で見ることで、これまた別の意味で弱さ、脆さに蹲《うずくま》るほかなかった若い人たちが微《かす》かな力をそこからもらったということです。そして遠藤さんはおなじその日誌にこう書きます。

君が今やりたいことを、真っすぐに人に伝えながら、出来ないことはみんなに手伝ってもらって、堂々と生きて行きなさい。……だって、君は一人で勝手に何かをやっていくことなんて出来ないだろう？

そう、ここにはたがいのいのちを活かしあう、そんな関係が書かれています。

重度の障害があっても、それがあるから障害に苦しむ他の若者たちを深く理解し、励ますことができる。これが二枚腰だとしたら、障害がさらに重くなって寝たきりになっても「学校」を続ける。介助の技術を教えるとともに、家族や教師には言えない悩みごとの聞き役になる。

これが三枚腰になります。

二十年後の遠藤さん

そしてまだ続きがあります。それから丸二十年、伊勢監督はふたたび三年かけて「えんとこ」を撮りました。二〇一六年に相模原市の津久井やまゆり園で起きた障害者大量殺傷事件の報にふれ、監督は無性に遠藤さんの顔を見たくなったのです。その映画「えんとこの歌」をこの夏（二〇一九年）に観ました。

介助にあたる人たちは、年齢は少し高くなっていましたが、やはり専門スタッフではなく、地べたを這うようにして生きている人たちでした。なぜか「売れない」ミュージシャンが多く、それに彫り師や引きこもり歴十年の青年もいる。排便のため遠藤さんのおなかをマッサージするＤＪさん。毎夜ターンテーブルを回しているから膨らんだおなかのマッサージが得意なんだと、これは監督からじかに聞きました。二十四時間の介護は奇蹟のように続いていました。

二十年経って、遠藤さんの容体はいっそう厳しいものになっていました。食事から排便、口腔ケアまで、とにかく時間を要します。

そのすきをぬって、遠藤さんは日々刻々の思いを口にする。その後覚えた短歌も詠む。遠藤さんが何か口にしはじめると、介護者はその上唇をつまみ上げ、耳を寄せて微弱な声を聞き取る。復唱して確認し、パソコンに打ち込むのです。遠藤さんの言葉はすぐには聞き取れませんが、映画では、遠藤さんの呟きに字幕は出ません。まるで聞き取りのプロセスを観る側も同時に経験してほしいと言わんばかりに。

障害がさらに重くなり、語ること、食べること、排泄することの介助も二十年前よりはるかに時間と手間を要することになっても、遠藤さんはなおいっそう深い、ケアされる側からの逆、ケアをしています。

映画のなかで介助者たちは言っていました。友だちとか恋人とか親とかより、遠藤さんほど「全部見せてくれる人なんていない」と。ここに寄りあう人のなかには「何の問題もなく平穏に暮らしてる人、ひとりもいない」と。そして「遠藤さんだけじゃなくて、自分たちも漂流してここに流れついたみたい」と。そう、引きこもり歴の長い先の青年の言葉を借りると、そこは「寄り添う」というより「寄りあう」場となっていたのでした。

これが遠藤さんの四枚腰。遠藤さんはまだまだへこたれません。みなの力を借りてベートーヴェンの弦楽四重奏曲に聴き入り、海水浴にも出かけます。遠藤さんはおのれの弱さを晒けだすことによってもっとも「強い人」なのでした。

「はずれ」を「はずし」に裏返す

このような強さは、弱さを隠すのではなく、弱さをさらけだすことで、弱さにとことん浸るなかで、はじめてたぐり寄せることができるものです。見ず知らずの人に「人生相談」というかたちで自分の弱さをさらけだした人は、遠藤さんのような数枚腰の、その第一歩を踏みだしたところです。

不運や不幸はたしかに人生の「はずれ」かもしれません。でもこの「はずれ」は、遠藤さんがそうしたように、「はずし」へと裏返すことができます。弱さを強さへと裏返す。そう、世の通念や思い込みを揺さぶり、押し返してゆくということです。楽な道ではないし、焦りもするでしょうが、それぞれがそれぞれのやり方で、みずからの現在からアングルを退いて、二段目の構え、三段目の構えを少しずつも築いてください。健闘を祈ります。

年譜　鷲田清一

一九四九　九月二日、京都市下京区に生まれる。近くに西本願寺や六条商店街があり、場所がら仏具関係の職人さんの仕事場が多かった。島原の花街もほど近く。

一九五六　六歳／京都市立醒泉小学校に入学。遊び場は近くの露地や堀川通、(旧)日蓮宗総本山本圀寺境内とその脇の材木置き場。書道と珠算《そろばん》の塾にも通う。好きな科目は図工と算数、嫌いな科目は音楽と国語。母が長く病で臥せっていたので、よくおかずの買い物に行かされた。大人になってやっと買い物が好きになった。ただし、知りあいのいない場所でだけ。

一九六二　十二歳／京都学芸大学附属中学校編入学。育った環境のあまりの違いに戸惑いつつ、バレーボールと生徒会活動に没頭。

小学生の頃、近くの銭湯にて

一九六五　十五歳／京都教育大学附属高等学校に進学。第一期生。入学直前よりバンド活動を始める。二年のときに文芸部に参加。文字本といえば家にはお経と『家庭の医学』しかなかったが、高校からの編入生だった級友の本を借りて読み始める。高三にして五年ぶりに「勉強」に復帰。一夏を親戚の福井県の尼寺で過ごす。「もったいない」と、饐《す》えたご飯を食べさせられたのが強烈な思い出。

息子というのは若いころは親に心の内を打ち明けないものです。私も十代のころは大事なことは、何一つ話しませんでした。せいぜい決めたことをちょこっと告げるくらい。

一九六八　十八歳／京都大学文学部入学。クラスは大阪と東京の「進んだ」公立高校出身者、それも一、二浪生が席捲。「授業放棄」のクラス決議が二回生まで続く。京大生・同志社大生でロックバンドを組む。油絵を始める。スト中のバリケード内と喫茶店で毎週開いた「読書会」が研鑽の場。ヘーゲルの『大論理学』やマルクスの『資本論』などを輪読。授業料が年間一万二千円、育英会の奨学金が年間三万六千円の時代。大学は自力で行くとの親との約束で、毎日家庭教師と塾のアルバイト。専門課程に進むも単位が足りず、第三志望の哲学科（倫理学専攻）に進学。卒業論文は「E・フッサールに於ける他我の問題」。

大学の受験票

一九七二　二十二歳／京都大学大学院文学研究科（哲学専攻）修士課程に進学。妻と自宅で英語・数学塾を開く。対象は小学生から高三まで。週二回、画家・小柳晟のアトリエに通い、公募展にも出品を始める。修士論文は「超越論的現象学に於ける〈世界〉の問題」。

一九七四

二十四歳／京都大学大学院文学研究科（哲学専攻）博士課程進学。現象学の〈間主観性〉問題に取り組む。東洋大学・新田義弘教授の指導を仰ぐ。同時に若手の現象学研究者の集い、現象学・解釈学研究会に参加。これを機に、野家啓一、村田純一、谷徹、斎藤慶典らとの長い交友が始まる。大町公・池上哲司と同人誌『位置』を発刊。ウィリアム・ジェイムズ論や芥川龍之介論を執筆。絵画制作・出品も続ける。博士課程修了後「文学部研修員」という名の浪人に。

一九七八

二十八歳／関西大学文学部哲学科専任講師に公募採用される。三年後、助教授に。同時に同僚となった宗教人類学者、植島啓司との長いつきあいが始まり、その思考のスタイルから強い影響を受ける。

一九八二

三十二歳／ドイツ連邦共和国のアレクサンダー・フォン・フンボルト財団の招聘研究員として、ルール大学哲学部で二年間、メルロ＝ポンティの最後の弟子でもある現象学者、ベルンハルト・ヴァルデンフェルス教授の指導を受ける。その間、ボッフム市郊外に家族とともに暮らす。

指導教官・森口美都男教授肖像

ヴァルデンフェルス教授邸

一九八八　三十八歳／関西大学文学部哲学科教授に就任。前年に始めたモード雑誌『マリ・クレール』（中央公論社）でのファッション論の連載が完結。

一九八九　三十九歳／四月に最初の著書三冊を同時に刊行。『分散する理性——現象学の視線』、『モードの迷宮』、『ファッションという装置』。前二著でサントリー学芸賞受賞。のちに一九九三年より二〇一六年まで同選考委員を務める。これより大先輩の山崎正和さんや、詩人の佐々木幹郎、政治学者の御厨貴、比較文学者の張競、音楽学者の渡辺裕らとの長い交遊が始まる。この年より今村仁司、野家啓一、中岡成文、篠原資明と「トランスモダンの作法」研究会をほぼ月例で始める（一九九二年まで計三十四回）。

一九九二　四十二歳／大阪大学文学部哲学科倫理学講座助教授に着任。前後して、地元の京都大学、大谷大学、立命館大学などで非常勤講師を務めるとともに、北海道大学、東北大学、千葉大学、茨城県立医療大学、東京大学、新潟大学、静岡大学、京都大学、奈良女子大学、岡山県立大学、九州大学、琉球大学などで集中講義。

一九九三　四十三歳／この年から四年間、読売新聞読書委員を務める。この頃

子どもが八歳と五歳のとき、私も家族を連れてドイツで二年間暮らしました。地方都市だったので、日本人学校もなく、地元の小学校に通わせました。顔つき、体つきもちがうので、いじめや差別を経験しましたが、それ以上に、たがいの家を行き来したり、知らない遊びを教えあったり、いい思い出をたっぷりもって帰国しました。一つの社会を、内と外、両側から見る二つの眼《め》をもつことは、将来、ものすごく役立ちます。

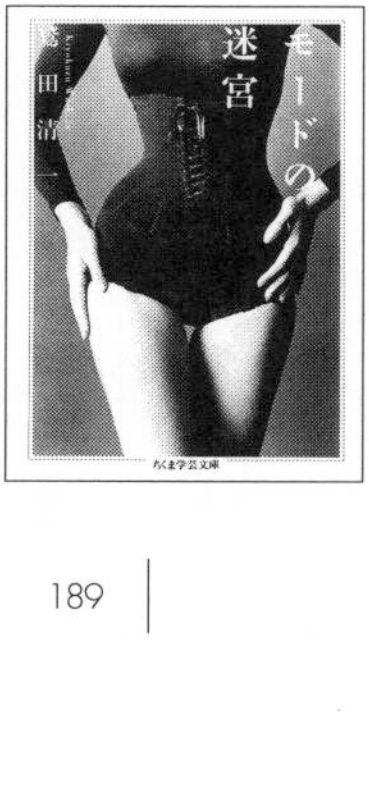

より神戸ファッション美術館の設立準備に参加。産経新聞でアート批評の月刊連載「モード遊歩録」を始める（計九十三回）。

一九九五　四十五歳／この年からＫＢＳ京都ラジオの高等学校ラジオ創作シリーズ「こちら青春放送局」のコーディネーターとして毎週出演。

一九九六　四十六歳／大阪大学文学部教授に就任。この頃より「哲学カフェ」を大阪市内で始める。精神科医・木村敏さんの紹介で、京都市内の精神病院での症例研究会に週一回参加させていただく。また、文部科学省学術審議会委員や内閣府「総合科学技術会議」の委員を務めるとともに、京都市基本構想審議会副会長として次の二十五年間の京都市の憲法ともいえる「京都市基本構想」の起草にあたる。「〇〇市」ではなく「わたしたち〇〇市民」を主語にした全国で初めての「基本構想」となった。この年より四年間、朝日新聞論壇委員を務める。

一九九七　四十七歳／ＮＨＫ教育テレビの番組《人間大学》で講座「ひとはなぜ服を着るのか」を十二回にわたり担当。鶴見俊輔さんから「全回、欠かさず見た」と声をかけていただいた。毎日新聞で週刊連載「モードのてつがく」（計四十五回）を始める。また伊勢丹の広報誌

琉球大学集中講義

『マンスリー・アイプレス』で月刊連載「てつがくってかんじ」（計九十九回）も始める。関西在住の介護従事者、看護師、ソーシャルワーカーらと臨床哲学研究会を始める。この年から十五年間、伊丹市国際クラフト展の審査委員長を務める。京都新聞の「現代のことば」に連載執筆開始（「天眼」と欄を変えて現在も続ける）。

一九九八

四十八歳／大阪大学大学院文学研究科倫理学講座を臨床哲学講座に改組。年明けより、日本経済新聞で週刊連載「装いのたくらみ」（計六十三回）を始める。

二〇〇〇

五十歳／講談社の広報誌『本』で連載《ホスピタブルな光景》を始める。ふつうはケアとは何の関係もないと思われているが、わたしには「ケアの職人」に見える人たちを訪ね歩いた。ダンサーから前衛華道家、新宿二丁目のバーの「ママ」から性感マッサージ嬢、ピアスをした尼さんからサーファーの教師、住宅建築家から北海道・浦河の施設「べてるの家」まで。《哲学のフィールドワーク》を念じて。『「聴く」ことの力』で第三回桑原武夫学芸賞受賞。

二〇〇一

五十一歳／大阪府文化懇話会委員としての活動を始める。学問と芸能の街としての再生を願って。

二〇〇二　五十二歳／二十一世紀ＣＯＥプログラム《インターフェイスの人文学》拠点リーダーに就任。ケアの現場での臨床コミュニケーションのプロジェクトに取り組む。

二〇〇三　五十三歳／大阪大学大学院文学研究科長・文学部長に就任。国立大学の法人化を前に怒濤の日々。朝日新聞の書評委員を二年間務める。同時に、京都府文化力創造懇話会「次世代の文化創造研究会」座長のほぼ十年にわたる仕事も始まる。小沢勲、春日キスヨ、浜田寿美男、西川勝、浜田きよ子らと京都市で「痴呆ケア研究会」を始める。共同通信の配給で、月刊連載のアート批評「夢のざわめき」を始める（計五十四回）。

ローマ日本文化会館での講演（二〇〇三年一月二十九日）

二〇〇四　五十四歳／国立大学法人大阪大学理事。副学長に就任。大学院の教養教育と大学と市民との《社学連携》をめざす大阪大学コミュニケーションデザイン・センター（ＣＳＣＤ）を創設し、平田オリザ、小林傳司、西村ユミらをスタッフとして迎える。大阪外国語大学との統合に向けての準備に取り組む。奈良県「たんぽぽの家」の播磨靖夫さんと、アートと障害者支援・地域活動との連携を推進するアートミーツケア学会を結成。

二〇〇六　五十六歳／北海道新聞で月刊連載「夢のもつれ」を開始（計五十一回）。

二〇〇七　五十七歳／国立大学法人大阪大学第一六代総長に選ばれる。理事退任後は研究職に戻るつもりでいたので、正直、とまどうところがあった。副学長時代に取り組んだ大阪外国語大学との統合がなる。日本倫理学会会長に就任。前後して、文化庁文化審議会、日本芸術文化振興会、人間文化研究機構、国際日本文化研究センター、地球環境研究所などの評議員を務める。

二〇〇八　五十八歳／新年行事のあと、直腸ガンの手術を受ける。十日間の安静後は、病院から歩いて出勤。三月まで入院加療。一月真宗大谷派の広報誌『同朋』で月刊連載「そぞろ歩き」を開始（計七十一回）。

二〇一〇　六十歳／中日新聞で月刊時評「時のおもり」を開始（現在まで計百十回）。

二〇一一　六十一歳／三月に東日本大震災と東京電力福島第一原発事故。国立大学として支援に取り組むとともに、研究機関としてのあり方を国立大学協会でも問い、総長任期四年間でもっとも心の揺れた一年

『京都の平熱』執筆のための取材先で

総長在任中、最年少の訪問客と

だった。八月に大阪大学総長の任期を終え、かつて非常勤講師も務めさせていただいた自宅近くの大谷大学文学部哲学科の教授に移籍。とても柔和な雰囲気で、旧友もいれば、行動範囲もうんと縮まって、ひっそりした生活に戻りかける。不登校経験が一年以上ある高校生のための塾「名前のない学校」（美術家・森村泰昌さんによる命名）を、自宅で、音楽クリエーター・久保田テツとともに始める。一年間、試行錯誤の連続だったが、めちゃくちゃ楽しかった。

二〇一二

六十二歳／オノマトペ論『「ぐずぐず」の理由』で第六十三回読売文学賞（評論・伝記部門）を受賞。思えば阪大総長時代にまとめて書けたのはこの本だけ。業務のちょっと空いた隙に頭のなかでずっとオノマトペを反芻していた。二度目の朝日新聞書評委員を二年間務める。神戸新聞で季刊随想「汀にて」を開始（現在まで計三十回）。佐々木幹郎、山室信一、渡辺裕と「可能性としての日本」研究会を始める（二〇一八年まで）。

二〇一三

六十三歳／二〇一一年五月の連休中に、電気・水道も不完全にしか回復していないなか、せんだいメディアテークで（生涯でいちばん苦しい）〝講演〟をさせていただいたご縁もあって、仙台市の複合文化施設《せんだいメディアテーク》に館長として招かれる。以後、東

受験勉強は手段です。でも勉強はもっと大きなものです。自分が歴史のどういう段階にいるのか、世界情勢、社会情勢のどのような位置にいるのか、それを探り、そして何をすべきか、何ができるかを知るために、つまるところ自分がいま立っている場所を知るために、先達の探究から学ぶというのが、勉強する理由だと私は思います。

せんだいメディアテークでのワークショップ

北支援の思いで毎月、三泊四日で通ってきたのだが、地元の知り合いもぐっと増えて、いまや第二の故郷といった気分でいる。読売新聞の「人生案内」欄の担当に就く（二〇一九年七月まで計百四十六回執筆）。また日本経済新聞でデザイン批評「かたちのレビュー」の月刊連載開始（計三十六回）。

二〇一五 六十五歳／公立大学法人京都市立芸術大学理事長・学長に就任。大阪大学総長時代に大阪市・京阪電鉄と連携して開いた文化・アート施設《アートエリアＢ１》の社団法人化とともに理事長に就任。朝日新聞のコラム「折々のことば」の連載も始まる（現在までほぼ千八百五十回）。

二〇一六 六十六歳／山崎正和氏のあとを承け、公益財団法人サントリー文化財団副理事長に就く。

二〇一九 六十九歳／京都市立芸術大学理事長・学長を辞し、五十年にわたる「大学生活」を終える。

二〇二〇 七十歳／『群像』で評論「所有について」の連載を開始。

愛犬、左近と右近
シャンプーからのお帰り
バンダナをつけてもらって

石黒浩との対談集『生きるってなんやろか？』毎日新聞社

2012 『語りきれないこと――危機と傷みの哲学』角川 one テーマ 21
赤坂憲雄との共著『東北の震災と想像力――われわれは何を負わされたのか』講談社
大澤真幸・吉見俊哉との共編著『現代社会学事典』弘文堂

2013 『〈ひと〉の現象学』筑摩書房（→ちくま学芸文庫）
『おとなの背中』角川学芸出版（→角川ソフィア文庫『人生はいつもちぐはぐ』）
『パラレルな知性』晶文社

2014 『「自由」のすきま』角川学芸出版
『哲学の使い方』岩波新書
徳永進との対談集『ケアの宛先』雲母書房

2015 『しんがりの思想――反リーダーシップ論』角川新書

2016 『素手のふるまい――アートがさぐる〈未知の社会性〉』朝日新聞出版

2017 山極寿一との対談集『都市と野生の思考』集英社インターナショナル新書

2018 編著『大正＝歴史の踊り場とは何か――現代の起点を探る』講談社選書メチエ

2019 『濃霧の中の方向感覚』晶文社
『生きながらえる術』講談社
『岐路の前にいる君たちに――鷲田清一式辞集』朝日出版社

2020 『二枚腰のすすめ――鷲田清一の人生案内』世界思想社

河合隼雄との対談集『臨床とことば』TBSブリタニカ（→朝日文庫，解説＝鎌田實）
編著『〈食〉は病んでいるか——揺らぐ生存の条件』ウェッジ選書

2004 『着飾る自分，質素な自分』KTC中央出版
『教養としての「死」を考える』洋泉社

2005 『〈想像〉のレッスン』NTT出版（→ちくま文庫『想像のレッスン』，解説＝堀畑裕之）

2006 『感覚の幽い風景』紀伊國屋書店（→中公文庫，解説＝鴻巣友季子）
『「待つ」ということ』角川選書
荻野美穂・石川准・市野川容孝との共編著《シリーズ　身体をめぐるレッスン》全4巻（岩波書店）刊行開始。

2007 『京都の平熱——哲学者の都市案内』講談社（写真＝鈴木理策，→講談社学術文庫，解説＝佐々木幹郎）
『思考のエシックス——反・方法主義論』ナカニシヤ出版
責任編集『岐路に立つ人文学』大阪大学・21世紀COEプログラム《インターフェイスの人文学》刊行開始。
小学生のための絵本《シリーズ　服と社会を考える》全3巻（岩崎書店）刊行開始。

2008 永江朗との共著『哲学個人授業』バジリコ（→ちくま文庫）
責任編集『実存・構造・他者』中央公論新社（《哲学の歴史》第12巻）
内田樹との共著『大人のいない国』プレジデント社（→文春文庫）

2009 『シニアのための哲学——時代の忘れもの』NHK出版
『嚙みきれない想い』角川学芸出版（→角川ソフィア文庫『大事なものは見えにくい』）

2010 『たかが服，されど服——ヨウジヤマモト論』集英社
『わかりやすいはわかりにくい？——臨床哲学講座』ちくま新書
《シリーズ臨床哲学》（大阪大学出版会）の監修・刊行始まる。

2011 『「ぐずぐず」の理由』角川選書

1997 『メルロ=ポンティ　可逆性』講談社（《現代思想の冒険者たち》第18巻）

1998 『普通をだれも教えてくれない』潮出版社（→ちくま学芸文庫『新編 普通をだれも教えてくれない』，解説＝苅部直）
『悲鳴をあげる身体』PHP新書
『ひとはなぜ服を着るのか』NHKライブラリー（→ちくま文庫）
編著『ファッション学のすべて』新書館
野家啓一との共編著『20世紀を震撼させた100冊』出窓社

1999 『〈聴く〉ことの力――臨床哲学試論』TBSブリタニカ（→ちくま学芸文庫，解説＝高橋源一郎）
『五界彷徨』北宋社
『皮膚へ――傷つきやすさについて』思潮社

2000 『てつがくを着て，まちを歩こう――ファッション考現学』同朋舎（→ちくま学芸文庫，解説＝成実弘至）
『ことばの顔』中央公論新社（→中公文庫）
『まなざしの記憶』TBSブリタニカ（写真＝植田正治，→角川ソフィア文庫）
加藤典洋・多田道太郎との共著『立ち話風哲学問答』朝日新聞社
大庭健との共編著『所有のエチカ』ナカニシヤ出版

2001 『哲学クリニック』朝日新聞社（→ちくま学芸文庫『くじけそうな時の臨床哲学クリニック』，対談＝小沼純一）
『気持ちのいい話？――鷲田清一対談集』思潮社
『〈弱さ〉のちから――ホスピタブルな光景』講談社（→講談社学術文庫）
『「哲学」と「てつがく」のあいだ』みすず書房

2002 『死なないでいる理由』小学館（→角川文庫）
『時代のきしみ――〈わたし〉と国家のあいだ』TBSブリタニカ
高等学校「公民」教科書『倫理　自己を見つめて』監修　教育出版
坂部恵・藤田正勝との共編著『九鬼周造の世界』ミネルヴァ書房

2003 『老いの空白』弘文堂（→岩波現代文庫）

これまでに書いた本すべて

のちに文庫化された本の情報は「→」で示している。

1989 『分散する理性――現象学の視線』勁草書房（→講談社学術文庫『現象学の視線』）
『モードの迷宮』中央公論社（→ちくま学芸文庫，解説＝植島啓司）
『ファッションという装置』河合文化教育研究所

1992 青木隆嘉・西谷敬との共編著『実践哲学の現在』世界思想社
今村仁司・野家啓一・中岡成文・篠原資明との共著『トランスモダンの作法』リブロポート

1993 『夢のもつれ』北宋社（→角川文庫）
『最後のモード』人文書院
川本隆史・須藤訓任・水谷雅彦との共編著『マイクロ・エシックス』昭和堂

1994 木田元・野家啓一・村田純一との共編著『現象学事典』弘文堂

1995 『人称と行為』昭和堂
『見られることの権利 〈顔〉論』メタローグ（→講談社学術文庫『顔の現象学――見られることの権利』，解説＝小林康夫）
『ちぐはぐな身体――ファッションって何？』ちくまプリマーブックス（→ちくま文庫，解説＝永江朗）

1996 『だれのための仕事――労働 vs 余暇を超えて』岩波書店（→講談社学術文庫）
『じぶん・この不思議な存在』講談社現代新書
編著『ファッション学のみかた。』アエラ・ムック
今村仁司・三島憲一・野家啓一との共同編集《現代思想の冒険者たち》全 31 巻（講談社）の刊行開始。
菅原和孝・野村雅一・市川雅との共同編集《身体と文化》全 3 巻（大修館書店）の刊行開始。

・1章～9章は、読売新聞掲載の「人生案内」（二〇一三年一月～二〇一九年七月）の著者回答分から七十一編を選んで、加筆修正を加えた。
・各章扉のことばと年譜下段のことばも、著者の回答文から抜粋した。

鷲田清一（わしだ　きよかず）

1949年京都生まれ。お寺と花街の近くに生まれ、丸刈りの修行僧たちと、艶やかな身なりをした舞妓さんたちとに身近に接し、華麗と質素が反転する様を感じながら育つ。大学に入り、哲学の《二重性》や《両義性》に引き込まれ、哲学の道へ。医療や介護、教育の現場に哲学の思考をつなぐ「臨床哲学」を提唱・探求する、二枚腰で考える哲学者。2007〜2011年大阪大学総長。2015〜2019年京都市立芸術大学理事長・学長を歴任。せんだいメディアテーク館長、サントリー文化財団副理事長。朝日新聞「折々のことば」執筆者。

おもな著書に、『モードの迷宮』（ちくま学芸文庫、サントリー学芸賞）、『「聴く」ことの力』（ちくま学芸文庫、桑原武夫学芸賞）、『「ぐずぐず」の理由』（角川選書、読売文学賞）、『くじけそうな時の臨床哲学クリニック』（ちくま学芸文庫）、『岐路の前にいる君たちに』（朝日出版社）。

カバー・本文イラスト　朝野ペコ

教養みらい選書　006

二枚腰のすすめ

――鷲田清一の人生案内

2020年6月30日　第1刷発行　　定価はカバーに
2020年9月2日　第3刷発行　　表示しています

著者　鷲田清一

発行者　上原寿明

世界思想社

京都市左京区岩倉南桑原町56　〒606-0031
電話　075(721)6500
振替　01000-6-2908
http://sekaishisosha.jp/

（印刷・製本　太洋社）

ISBN978-4-7907-1742-3

教養みらい選書

001
僕がロボットをつくる理由
未来の生き方を日常からデザインする
石黒　浩
衣食住から恋愛・仕事・創造の方法まで、自身の経験や日々の過ごし方を交えて、「新しい世界を拓く楽しさ」と人生を率直に語る。

002
食べることの哲学
檜垣立哉
動物や植物を殺して食べる後ろ暗さと、美味しい料理を食べる喜び。この矛盾を昇華する、食の哲学エッセイ。隠れた本質に迫る逸品。

003
感性は感動しない
美術の見方、批評の作法
椹木野衣
子供の絵はなぜいいのか？美術批評の第一人者が、絵の見方と批評の作法を伝授し、批評の根となる人生を描く。書き下ろしエッセイ集。

004
音楽と出会う
21世紀的つきあい方
岡田暁生
人生を変えるような音楽と出会うには？21世紀に固有の音楽現象を挑戦的にとりあげ、規格外の音楽とつきあう楽しさを自在に語る。

005
賀茂川コミュニケーション塾
ビブリオバトルから人工知能まで
谷口忠大
ビブリオバトル考案者で人工知能研究者がコミュニケーションの新しい視点を伝授。教授と高校生の対話によるライトノベル形式の入門書。